勇往直前：特斯拉改变世界的故事

〔塞尔〕史迪夫·维里米尔·阿拉莫维奇 编著

中国出版集团公司
華文出版社

图书在版编目（CIP）数据

勇往直前 ：特斯拉改变世界的故事 / 史迪夫，(塞尔) 维里米尔 · 阿拉莫维奇编著. -- 北京 ：华文出版社，2021.6

ISBN 978-7-5075-5421-2

Ⅰ. ①勇… Ⅱ. ①史… ②维… Ⅲ. ①特斯拉(Tesla，Nikola 1856-1943)-生平事迹 Ⅳ. ①K837.126.1

中国版本图书馆CIP数据核字(2021)第037871号

勇往直前 ：特斯拉改变世界的故事

编　　著：史迪夫 （塞尔）维里米尔 · 阿拉莫维奇
责任编辑：胡慧华
出版发行：华文出版社
地　　址：北京市西城区广安门外大街 305 号 8 区 2 号楼
邮政编码：100055
网　　址：http：//www.hwcbs.com.cn
电　　话：总 编 室 010-58336239　发 行 部 010-58336212 58336238
　　　　　责任编辑 010-58336197
经　　销：新华书店
印　　刷：三河市百福春印刷有限公司
开　　本：880mm×1230mm　1/32
印　　张：12
字　　数：230 千
版　　次：2021 年 6 月第 1 版
印　　次：2021 年 6 月第 1 次印刷
标准书号：ISBN 978-7-5075-5421-2
定　　价：58.00 元

尼古拉・特斯拉自画像（1935 年 7 月 18 日）

源自 E. 莫里斯・布洛赫私人藏品

人类的进步发展与发明创造密切相关，而发明的最终目的则是头脑对物质世界的完全掌控，是驾驭自然力量以供人类所需。

——尼古拉·特斯拉

序

这是一个现代普罗米修斯的故事，他用电气改变了整个世界，他用勇气带给我们光明，他用创造带给我们新生活，他就是尼古拉·特斯拉。

特斯拉用交流电系统创造了尼亚加拉大瀑布大型水利发电和输电工程，并以此在全美和全球实现了交流电远距离电力传输，引领了第二次工业革命的浪潮。随着特斯拉的无线通信技术的应用，收音机和电视广播才融入我们现在的生活。交流电的出现，加快了现代科技发展的速度，信息产业、先进制造业、大型冶炼业、化工与石化产业、汽车制造与航空航天技术及军事等领域，在交流电的作用下，迅猛发展。

早在 1891 年，特斯拉就证实了无线能量传输技术。到了 1899 年，他成功制造出人造闪电。他拍摄了世界上第一张 X 光照片，发明了无线遥控技术，制作了第一台无线电发射器……近一千项我们现今日常生活中无处不在的技术，都来自百年前他的发明。

特斯拉的发明创造超越了他所处的时代，他丰富的遗产每时每刻都伴随在我们身边——从遥控装置到霓虹灯和日光灯管；从无线电通信到汽轮机和里程表；从直升机到雷达和导弹；从X射线到隐形战舰和电动汽车。他开创性的研究，带领全球电气事业奔跑在科技发展的最前列。

特斯拉开创了一个崭新的世纪，他是电气时代的真正先知。他设计了电气时代和配电机制的基础框架，极大地促进了世界经济的进步和繁荣。但是，他的发明经历和艰难历程被人为地抹杀，淡出了人们的视野。

世界上还没有第二个科学家可以同时涉猎这么多的研究领域，而且还能在这些领域取得超越时代百年的成就。我们只有在深入了解这位伟大的发明家之后，才更觉得世界欠他一个公平。

特斯拉的想象力超凡脱俗，从他的专利中，可以发现他对未来的惊人嗅觉，但在他很多理想实现之前，还需要大量的发明积淀。现在，他的许多发明和预想都变成了现实，如无线网络、移动电话、雷达、电动汽车等，与我们的生活紧密地联系在一起。

他是一位艺术家，永远为他的理想和憧憬而奋斗。他成功的媒介不是颜料，不是土壤，不是武器，不是幻想，而是电。从他出生的那一天起，他就与电共生，形影不离，直到生命的尽头。

他是具有艺术天赋的科学家，他的发明影响着那个时代不同研究领域的科学家。

他也是一个梦想家，他的梦想正在被我们这一代人一一开发出来，服务人类的科学与进步。

他是一个幻想家，他想照亮这个地球，用足够的电力去制造第二个太阳。光将出现在赤道附近，像一道围绕着土星的光环。

我们的时代需要特斯拉的创新与发明精神，更需要奉献精神，仅仅只有创新、创造和发明，缺失精神世界的高尚品德，就会失去自我，失去创造的价值。

特斯拉一生都在进行科学研究和发明，他没有特别服务于哪个国家，他关心的是全人类，这也是他撕毁可以使自己身价亿万的交流电专利，让它成为永久免费资源的原因。

特斯拉的发明所获得的收益，几乎全部用在各种研究项目上。他伟大无私的奉献精神和坚韧不拔的拼搏精神，是我们这一代人需要重新补课的。

具有远见的特斯拉确信：终有一天，人类将有能力从宇宙的能量场中直接摄取能量维生。

特斯拉伟大的一生充满传奇，充满智慧，充满对创造未来的美好期盼。从他的身上，可以清晰地看到他为了人类走向文明所付出的巨大代价和无私无怨。

特斯拉生命的每一个阶段，都是一个创新和发明的里程碑，都是在与天地争取人类更大自由的过程，都是在与旧势力、旧传统、旧观念斗争的过程。这需要巨大的胆略和坚持不懈的努力。

我们在他的世界里可以看到：无论他是无意中发现了旋

转磁场的原理，还是他在脑海中绘制出交流电机的美姿；无论他是在面对不确定的未来充满了幻想，还是他发明的交流电成为第二次工业革命的原动力；无论他是在科罗拉多大草原创造出人造闪电的惊世之作，还是他傲立在沃登克里弗塔顶所发出的巨大惊叹；无论他是在光芒四射、无人可及的时候，还是在陷入困境无限感慨之时，都没有停下他发明创造的步伐。

他把发明创造当作自己一生的乐趣，他把自己的一生奉献给了全世界、全人类。这是何等的精神，这是何等的情怀，这是何等的气度！

2018 年 6 月 8 号，我应中塞文化交流协会会长郭晓先生的邀请， 前往宁波参加特斯拉·塞尔维亚国家馆的开馆仪式。在那里，我与来自塞尔维亚的尼古拉·特斯拉资深研究员——贝尔格莱德大学维里米尔·阿拉莫维奇教授有幸相识，我得到了他写的专著《Tesla Evolucija Svesti Covecanstva》，我也赠予他一本中文版的《我是未来—— 尼古拉·特斯拉传》。

之后，我们开始了不断的交流，建立了纯真、美好的友谊。

2018 年 7 月 10 号，我应塞尔维亚和克罗地亚尼古拉·特斯拉国际研究会的邀请，来到塞尔维亚和克罗地亚两国参加特斯拉诞辰 162 周年的纪念活动。在维里米尔·阿拉莫维奇教授的全程陪同下，我参与了在塞尔维亚和克罗地亚两国举办的有关特斯拉的所有纪念活动，看到来自世界各国的科学家、工程师、学者、国家政要等在特斯拉诞辰纪念日对他深深的崇敬和缅怀之情，我为能够有机会更多地了解这位世界伟人深感荣幸。

尼古拉·特斯拉出生地：克罗地亚斯米连村

我满怀敬仰之情在现场赋诗一首——《我来了——为尼古拉·特斯拉诞辰纪念日而作》。

今天是你的日子
午夜的雷鸣电闪夹带着你的呐喊
回荡在斯米连村的上空
你向宇宙宣告
我来了

今天是你的日子
山野的情怀练就了你对未来的痴迷
每一道山脊都留下你攀登的足迹
你向世人宣告
我来了

今天是你的日子
森林中辨析昆虫落在叶面上的振动
溪水边刻印你游弋玩耍的印记
你向村民宣告
我来了

今天是你的日子
故居旁的教堂依然留存百年洗礼的痕迹
高傲地耸立在克罗地亚的大地上
你向家人宣告
我来了

今天是你的日子
梦幻曾经带给你无限的遐想
可视化荡起你发明创造的涟漪
你向自己宣告
我来了

今天是你的日子
交流电发明为世界注入了鲜活的生命
创造的奇迹带动了第二次工业革命的进程
你向世人宣告

我来了

今天是你的日子
你留下的丰厚遗产照亮世界的山山水水
引领全人类创新发展里程的点点滴滴
你向全球宣告
我来了

尼古拉·特斯拉这位旷世天才像蜡烛一样燃烧，直到把自己烧成灰烬。

2018年7月12日，在维里米尔·阿拉莫维奇教授的推荐和中华人民共和国驻塞尔维亚大使馆文化参赞徐鸿先生的见证下，我在贝尔格莱德与普雷维拉·萨·金斯克公司签署了《我是未来——尼古拉·特斯拉传》塞尔维亚语的出版合同，该书已于2018年10月在塞尔维亚首都贝尔格莱德出版发行。

在塞尔维亚和克罗地亚期间，我与维里米尔·阿拉莫维奇教授共同商议合著一本关于特斯拉的新书。之后，维里米尔·阿拉莫维奇教授立即着手搜集写书所需要的素材。短短数月，我就收到维里米尔·阿拉莫维奇教授发来的大量有关特斯拉的丰富资料和文献，这些资料和文献极大地拓宽了我的视野，为写好这本书提供了丰盛的“美味佳肴”。

经过数月的工作，今天终于完成了本书的编撰工作。

能够让读者更全面地了解特斯拉这位伟人曲折、非凡的一生，让他创造与发明的精神激励我们下一代发明的热情，培养和造就新一代的发明家、科学家，是我们写作这本书的初衷和期盼。

谨以此书献给伟大的天才科学家、工程师、物理学家、发明家：尼古拉·特斯拉。

由衷地感谢克罗地亚尼古拉·特斯拉国际研究会、塞尔维亚国家科学院、塞尔维亚尼古拉·特斯拉国际研究会、塞尔维亚国家工商会、塞尔维亚尼古拉·特斯拉博物馆、克罗地亚尼古拉·特斯拉博物馆、塞尔维亚华人商业联合会、中塞文化经济交流协会、特斯拉塞尔维亚国家馆、奥地利奥中国际经济贸易促进会、Eastern Star d.o.o.Beograd、塞尔维亚特斯拉 VODA 公司、宁波祥森科技有限公司、中华人民共和国驻塞尔维亚大使馆文化参赞徐鸿先生，还有刘新颢先生、胡子先生、章泽锋先生、安玉琴女士、郭晓先生、刁国燕女士、Dragica Mihajlović 女士、Nebojsa Terzic 先生、Ivan Poljanica 先生、Ra Lazard Radic 博士、张光明博士等为本书的写作所给予的支持和鼓励。

最后感谢中国出版集团华文出版社编审老师们为本书出版所付出的努力和心血！

史迪夫

2020 年 10 月 19 日于上海

目　录

第四章　一生最闪亮的时刻

第五章　人工闪电

第六章　凤凰涅槃

第七章　第一艘无线电遥控船

第一章　特斯拉是谁?

阿尔弗瑞的困惑

1976 年春天，书商迈克尔·波尔内斯在出售物业时拍卖了四个难以辨别的纸盒。这次拍卖活动在美国新泽西州的纽沃克市进行。戴尔·阿尔弗瑞以二十五美元购买了纸盒。

阿尔弗瑞一时兴起购买了这几个盒子，但他不知道盒子里是什么东西。打开盒子之后，他惊讶地发现里面似乎是特斯拉实验室的档案和个人笔记，还有一些那个年代的报纸、杂志等，刊登的是特斯拉的一些论著。

1976 年，特斯拉的名字，并不为人所知。阿尔弗瑞不知道特斯拉是谁，更不知道特斯拉的这些文稿和数据的重要性。翻阅了大量材料后，阿尔弗瑞首先想到的是，他发现了一位科幻作家的笔记，他所读到的内容如此令人难以置信：似乎文稿中所叙述的任何事情都是不可能的，如同科幻图书中的一些离奇的事件一样。阿尔弗瑞很快发现自己陷入了非常艰涩难懂的阅读困境。

阿尔弗瑞对他购买的东西失去了兴趣，他把这些盒子捆绑起来，放在地下室一个装杂物的箱子里，想以后空闲的时候再来翻阅它们。

其实，特斯拉去世之后，相关部门的代表应联邦调查局的要求前往纽约客酒店，没收了他的所有物品。联邦调查局知道，德国和苏联等国的情报部门在特斯拉去世前几年，就已经开始大量搜集特斯拉的研究文稿。联邦调查局认为，特斯拉一部分被盗的研究成果最终导致德国飞碟的发展和苏联气象控制武器的成功。联邦调查局为确保不再发生类似情况，加大了对特斯拉研究文稿的监管，任何与这位科学家有关联的东西都被没收。然而，在沃尔多夫·阿斯托利亚、克林顿总督酒店和圣瑞吉斯等酒店中留下的十几箱特斯拉的物品，都被出售以支付特斯拉在酒店住宿时所欠账款。阿尔弗瑞买到的纸盒就是这批用来抵扣特斯拉房租费用的物品之一。

1990 年，美国参议院十几位议员向美国国会提出纠正对尼古拉·特斯拉不公正对待的议案，称他是“超越了爱迪生的伟大科学家”。

阿尔弗瑞听到这个新闻后，蓦然想起放在地下室的那几个盒子。于是，他急忙来到地下室。

盒子还是完好的，只是随着时间的变迁，盒子里的纸张有一部分发生了霉变，有些纸张上的墨迹已经模糊。

阿尔弗瑞的好奇心，促使他坐下来，认真读一读这些神秘的文稿，于是他开始一页一页地仔细阅读盒子中的这些读起来非常艰涩的文稿。

放在盒子里的文稿，记录了特斯拉的科研过程和重要理论的论述。这些文稿显示，1899 年，在科罗拉多斯普林斯，特斯拉拦截了外星生物的通信信号。特斯拉记下了他多年的调查来读懂这些奇怪的无线电信号，他坚信这些有规律的无线电信号是来自外层空间的智慧生命，以及他试图通知政府和军方，告诉他们他所知道的事情，但他的信件显然没有得到答复。

资料还显示特斯拉对他的几位捐助者（包括拥有华尔道夫酒店的约翰·J·阿斯特上校）充满着信心。虽然这些信息似乎令人难以置信，但从登载在报纸和杂志中的内容以及几次采访中，可以找到这些数据中所提及的线索。

阿尔弗瑞一头雾水，他无法明白盒子里这些文稿是什么，于是他想探个究竟。

1997 年夏天，阿尔弗瑞读完了四个盒子的所有内容，并开始逐步将这些文件扫描到计算机磁盘中。

这些笔记和日记几乎看不到任何设计图形或模型，阿尔弗瑞有点惊讶。直到后来，阿尔弗瑞才发现，特斯拉自己心里绘制的模型，是他发明创造所需的全部。

阿尔弗瑞也注意到特斯拉的日记往往不完整，有许多遗漏。阿尔弗瑞推测，其他地方可能也会存在类似的特斯拉文稿，它们或许被遗忘在仓库或阁楼中。

为了寻找与之相接近的信息，阿尔弗瑞开始在互联网上进行查询并发布了相关的信息，希望利用网络来得到那些缺失的部分。

1997年9月，阿尔弗瑞在家中继续他的阅读和整理，他的妻子和孩子们当天去了曼哈顿。

午时，阿尔弗瑞家里的电话响了，来电者声称自己是杰伊·科沃斯基，他对阿尔弗瑞发现的东西感兴趣。

阿尔弗瑞与这个人谈了几分钟。

门铃突然响了。当他去开门时，发现门已经打开了，有三个人站在大厅里。

站在中间的一个瘦高、身着黑色西服的人说："你好，戴尔，我希望你不介意我们进来吧。"

这三个人都穿着相同的黑色西服、白衬衫，打着黑色领带。

"他们好像认识我一样，但我以前从未见过这些人。我担心他们可能是罪犯。这三个人对我有一定的威胁，这是我以前从未经历过的。"阿尔弗瑞警觉地想。

瘦高的男人缓慢地用带着浓厚俄罗斯口音的英语说着话，慢慢靠近阿尔弗瑞，他说的每一个词几乎都是一个字一个字蹦出来的，以便让阿尔弗瑞完全理解他所表达的意思。

另外两名男子仍留在门口，眼睛紧紧盯着阿尔弗瑞，一句话也不说。

在整个过程中，与他说话的那个人目光一直固定在阿尔弗瑞脸上。

"我们知道你手中有一些旧盒子和纸张，"瘦高的男人说，“我们非常有兴趣从你这里购买它们。”

“我不会卖的，真的，我不会出售它们。”阿尔弗瑞茫然地回答道。

这个男人笑了笑说：“我们对你手上纸盒里的东西了解很多。它们不属于你，但我们愿意为此付出代价。它们对你毫无用处，事实上，你可能会因此而遇到很多麻烦。”

阿尔弗瑞倔强地摇了摇头。

“我可以告诉你，”那个男人说，“不管你同意与否，我们都会拿到那些盒子，你无法阻止我们。如果你给了我们想要的东西，对你和你的家人来说会有利得多。我讨厌不愉快的事发生在你、你的妻子或你的孩子身上。”

这个男人站到阿尔弗瑞的面前，眼神坚定而冷酷，眼睛深处泛出冷冷的光。

阿尔弗瑞站在那里，只能目视对方。他们好像有一种催眠的力量，使阿尔弗瑞进入了一时的混沌状态。

突然，三个陌生男人一起转身走出前门，没有其他说辞，也没有其他要求。阿尔弗瑞愣愣地站在那里，不知道眼前发生了什么。

阿尔弗瑞从恍惚状态中渐渐地恢复过来，并意识到已经出了什么事情。他跑出门，但他什么也没有看到。路上没有车辆，街道完全是空的，整个街区安静得连鸟儿都沉默了，好像这个世界暂停了一会儿，然后又像什么也没发生过一样。

阿尔弗瑞跑回屋子并锁上门。他急急忙忙地去了他的工作室，那里放着他保存的盒子和计算机。

房间位于房子的后面，没有单独的入口。但是，阿尔弗瑞发现，放在桌子上的四个盒子连同里面的其他资料都消失了。

显然，在阿尔弗瑞与瘦高的男人交谈时，另一个人悄悄地进入房子并洗劫了工作室，拿走了所有的纸盒，包括阿尔弗瑞在研究过程中收集的极为稀缺的书籍和文章。更糟糕的是，他丢失的不仅仅是这些，他计算机里的硬盘驱动器也被完全删除了。他与特斯拉有关的事都被摧毁了，似乎这件事从来没有发生过。阿尔弗瑞保存的特斯拉文稿莫名其妙地消失了。

事情发生后的几个月里，阿尔弗瑞拒绝谈论这一令他恐惧的事件。他没有告诉任何人这里发生了什么，甚至也没有告诉他的妻子。

Freedom of Information Release

On

Subject: Nikola Tesla

File #: 100-2237
Pages Reviewed - 160
Pages Released - 160

Federal Bureau of Investigation

特斯拉手稿第 100–2237 页 FBI 档案封

这些人神秘地出现，神秘地离开，让阿尔弗瑞在一段时间内处于一种精神震颤的惊悚之中，在他的思绪上蒙罩着一层挥之不去的阴影。

幸运的是，由于阿尔弗瑞花了一些时间阅读特斯拉的文稿，他凭借记忆，记录了特斯拉文稿中的一些内容。这些内容被 2012 年 12 月 24 日“平行世界”网站公布的美国 FBI（美国联邦调查局）情报数据库 1943 年的一份多达数千页的特殊机密档案所证实。

无年限国家安全秘密

这份档案的披露是由爱德华·斯诺登在俄罗斯公开的，被称为“尼古拉·特斯拉最高秘密档案”。档案中的大部分内容是特斯拉生前未发表的论文与设计图，其中有一篇最长的论文《引力的动态理论》特别引人注目。该文章从爱因斯坦的相对论出发，论述时空、物质、电磁波、引力波的本质特性，最终使它们统一起来。最后，特斯拉阐述了制造反重力宇宙飞船、时空旅行、粒子束武器、死亡射线等一些奇思妙想的科技产品的制造方法。

从这份机密档案的内容来看，早在1921年，特斯拉就已经建立了统一场论。然而，特斯拉的发明和理论研究远远超越了那个时代的理解力。1933年，特斯拉将生前能够用于战争的大部分发明图纸和论文交给了美国国家科学院，期望自由民主的美国能够加以利用，维护世界和平。当时美国科学界懂得能量、物质、时空之间关系的科学家很少，没有人能够完全理解特斯拉论文的思想，最后被美国国家科学院束之高阁。

第二次世界大战后期，美国总统富兰克林·罗斯福接受了爱因斯坦等科学家的建议，启动了“曼哈顿计划”，由奥本·海默组成研发团队，生产制造原子弹。

1945 年 7 月 16 日，原子弹制造出来后，美国启动另一项代号为“NT”[①]的任务。这项任务的目的，就是确认特斯拉未发表的论文中的那些科技是否真能制造出来。经过精心挑选的科学家中缺少像爱因斯坦那样对时空、物质、能量理解透彻的理论物理学家，由众多顶级科学家组成的评估小组对特斯拉所写的论文，无法全面理解。尤其是“反重力宇宙飞船”，限于当时战后科技水平的制约，反重力宇宙飞船所需要的几个关键部件无法制造出来，这项计划只好停摆。

1943 年特斯拉去世后，他的手稿被美国以“国家安全”为由没收，送到 FBI 总部。FBI 立即将手稿定为“无年限国家安全秘密”，这是美国机密等级的最高级。虽然美国后来把一部分特斯拉个人档案归还给南斯拉夫，但绝大多数手稿仍然留在美国。

在另一份 FBI 的解密档案中，美国政府最关心的是“死光”的内容，特斯拉称为“粒子束武器”。

当时正值第二次世界大战期间，许多国家都在关注特斯拉的这些研究。在特斯拉逝世后，为了防止有关特斯拉的重要数据外泄，FBI 也在秘密计划逮捕一切与特斯拉有关的人员，

---

① “NT”就是尼古拉·特斯拉名字的缩写——作者注。

尤其是他的外甥——曾任南斯拉夫内政部长的萨瓦科·科萨洛维奇。

解密文件里有一份写给FBI时任局长约翰·埃德加·胡佛的报告，这份报告中指出了特斯拉发明的“死光”在未来战争中的重要性，并建议FBI要不惜一切代价控制特斯拉所有关于“死光”的研究手稿，以防这个“战争和防御武器”落入他国手中。

“我们应该抹除一切关于特斯拉的信息，必要时也要让萨瓦科·科萨洛维奇陷于死地。总之，绝对不能让敌人得到特斯拉的手稿，尤其是关于‘死光’部分。”1943年1月9日FBI备忘录中写道。

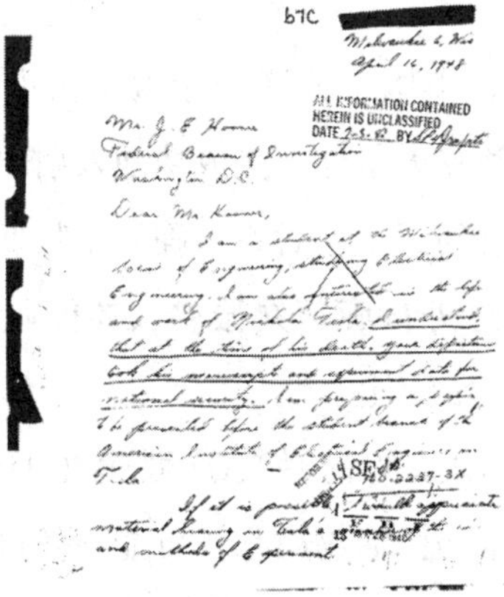
b7C [redacted]
Milwaukee 6, Wis
April 16, 1948

ALL INFORMATION CONTAINED
HEREIN IS UNCLASSIFIED
DATE

Mr. J. E. Hoover
Federal Bureau of Investigation
Washington D.C.

Dear Mr Hoover,

I am a student at the Milwaukee School of Engineering, studying Electrical Engineering. I am also interested in the life and work of Nikola Tesla. I understand that at the time of his death, your department took his manuscript and equipment data for national security. I am preparing a paper to be presented before the student branch of the American Institute of Electrical Engineers on Tesla.

If it is possible, I would appreciate material bearing on Tesla's … and methods of experiment.

FBI特工写给时任美国联邦调查局局长胡佛的机密文件原件

1945年10月26日，特斯拉的弟子博伊斯·菲茨杰拉德由三名士兵护送，出现在联邦调查局总部办公大楼，并出示了一张由陆军将军克雷格亚签署的信件，要求带走特斯拉的手稿。

时任联邦调查局局长胡佛在10月28日的工作备忘录中写道："虽然菲茨杰拉德只是一个二等兵，但却是一个聪明的科学家，他知道特斯拉的所有秘密，并参与过'死光的研究'。"

1946年，一些科学家意识到特斯拉的发明和理论体系的重要性。为了维护美国国家安全，阻止国外敌对势力获取特斯拉的资料，这些科学家上书美国总统哈里·杜鲁门，最终系统地删除了有关特斯拉的所有数据、记载，使特斯拉渐渐淡出了科学界。

特斯拉逝世后，美国、苏联开始着手太空计划。美国除了与苏联一同登月和登火星外，更成功地发射出宇宙飞船前往太阳系边缘探测，直到三十年后终于确认了特斯拉的预测："太阳系有防护罩，通过进行旋转共振放大才能脱离太阳系的囚牢，才能转移到任何一点上。"

特斯拉预测太阳系的内圈皮壳可达九十亿千米。距离二十亿到一百亿千米，任何物质都有可能突然进入某种不确定的轨道而突然减速；到达两百亿千米之后，一切物质都会突然开始减速，直到被摧毁为止。

1988年国际特斯拉研讨会上，Marc J·Seifer博士发表了题为《尼古拉·特斯拉：激光和粒子束武器的历史》的文章，他在文章中说："对于特斯拉的工作和论文被系统地隐藏在公众视野中以保护这一绝密工作，今天被称为'星球大战'"。

来自苏维埃的邀请

尼古拉·特斯拉博物馆保存的珍贵遗产中，有一封 1943 年 1 月 13 日以“苏维埃社会主义共和国联盟主席约瑟夫·斯大林”的名义写给特斯拉的吊唁函。这封信由苏联首席工程师和发明家罗伯特·肯普执笔，苏联驻纽约办事处主任特洛伊送达。在这份唁函中，斯大林除了对特斯拉一生给予了极高的赞誉外，他还用“尼古拉·特斯拉，列宁的朋友”一词来表述特斯拉与列宁之间的友谊，这句话的深刻含义非常耐人寻味。这是特斯拉所有遗产中，第一份提到他与苏维埃政权之间不寻常关系的佐证。

特斯拉 1934 年 11 月 29 日写给 J·P·摩根的信件中也透露：“十几年前，列宁两次发来非常诚恳的邀请，邀请我去俄国，但我无法从实验室的工作中解脱出来。”

“一战”结束后不久，新成立的苏维埃政权的一个代表找到了特斯拉。特斯拉回忆说：“来者告诉我，列宁相信电气化就是共产主义成功的重要因素，列宁的口号是：‘共产主义就是苏维埃政权加全国电气化’。全国电气化在列宁 1920 年推出俄罗斯国家电气化计划中占有显著的位置。因此，列宁显然感兴趣在俄罗斯的广袤地区采用特斯拉的无线电力系统。”

贝尔格莱德大学教授维里米尔·阿拉莫维奇回忆说：“1976年，当我第一次来到尼古拉·特斯拉博物馆时，我亲眼看到了列宁写给尼古拉·特斯拉的一封信。我的母亲与博物馆负责人维尔吉克·克拉克先生保持一生的友谊，他们俩都是铁托在第二次世界大战中的游击队员。克拉克先生告诉我们，列宁给特斯拉写过两封信。列宁邀请特斯拉来苏联，帮助苏联实现电气化并带来亚洲现代化，引用列宁的说法：‘工业化 + 电气化 = 共产主义’。那时候，列宁的来信并不是一件容易的事情。”

二十世纪初，特斯拉就与苏联有过深入的交往，他一直在为苏联提供技术上的帮助。尤其是在军事领域，特斯拉向苏联提供了气象控制技术、雷达和粒子束武器等，使苏联在短短数十年内迅速成为世界军事大国和军事强国。

特斯拉去世之后，苏联派出了大量特工到美国寻找特斯拉遗失的手稿和研究档案，但是，特斯拉的手稿，失散在美国广大的区域中，寻找起来谈何容易。苏联人没有放弃，只要有一丝线索，他们就会想办法拿到手。因此，从阿尔弗瑞把特斯拉文稿的信息披露在互联网上的那一刻起，俄罗斯特工闯进阿尔弗瑞家并带走特斯拉手稿的事件，就不足为奇了。

第二章 光的儿子

在一道闪电中，诞生

尼古拉·特斯拉在克罗地亚紫色的雷暴里诞生。那是1856年7月10日一个雷电交加的午夜，闪电带着滚动的雷鸣，让人感到不安。

助产士把这看成是不祥的预兆。一道巨大的闪电划过窗前时，助产士担忧地对特斯拉的母亲说："这是一个雷暴的日子，而你的儿子却要在这一时刻降生。"

特斯拉的母亲说："他是光的儿子！"

随着一声啼哭，伴着一道道闪电和滚滚雷鸣，特斯拉来到了人世间。

从那时起，特斯拉就与闪电结下了不解之缘。仿佛从他出生的那一刻起，就注定要与闪电雷鸣共生共眠。

特斯拉的家乡，位于克罗地亚斯米连村，他出生于一个塞尔维亚族家庭。

斯米连村是用山花命名的。特斯拉出生的房子在森林和教堂边，他的故乡利卡的名字起源于希腊语"likos"（狼）。

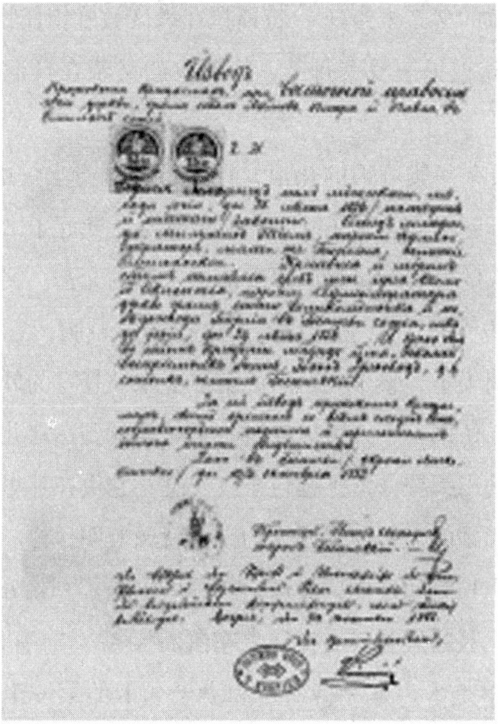

尼古拉·特斯拉的出生证明

特斯拉最早的记忆是利卡的“水与石”。

斯米连地区是利卡中心的一个高原，北面是奥特西卡河，东面是利卡河和戈斯匹奇镇，南边是奥斯垂山，西面是韦莱比特山。在戈斯匹奇镇与斯米连村之间，有一个独立的金字塔形的山岭，依傍在奥斯垂山的山脚下。

特斯拉的故乡，位于波格丹尼山下，毗邻教区教堂。利卡河，在房子和教堂前面流淌，蜿蜒地奔向大山的深处。

特斯拉的父亲米卢廷·特斯拉在教区教堂担任牧师。

1855年彼得·罗夫丹节，特斯拉的父亲在日记中这样描述利卡：

“昨天有一股可怕的热浪，让人仿佛置身火炉中。下午，韦莱比特下起了雨。到了晚上，温度骤降，吹起了微风，天空散发出迷人的微笑，星星闪耀着前所未有的光芒。突然，一道闪电从东方穿过，似乎三百多个火把爆炸升腾，它朝西方奔去，星星消失了，整个大自然静寂了下来。苍穹的外观看起来如此接近，仿佛一个人可以通过一个吊索就到达那儿，犹如遥远的瀑布抛出火花，留下蓝色条纹。瞧，它倒在那里，在最近的山上，闪耀的光芒使得四周的夜空就像黎明一样。韦莱比特南侧的回声长时间延伸，好像一座钟塔倒塌了。几分钟后，黑暗升起，无数的天堂灯变得异常苍白。”

丹尼尔是米卢廷·特斯拉和妻子久卡的第一个儿子，出生在利卡；第二个孩子是女儿米尔卡，也出生在那里。搬到斯米连村后，另一个女儿安吉丽娜也来到了人间，然后出生的孩子就是特斯拉，生于1856年7月10日午夜。

特斯拉自己给出了关于在午夜出生的细节，并描述了他如何得知事情的始末：“一个下雨的午夜，母亲叫我跟死去的哥哥道别。我吻了丹尼尔冰冷的额头，痛苦的泪水瞬间涌出了双眼。母亲十分悲痛地说，‘上帝在午夜给了我一个，但在午夜带走了另一个’。”

特斯拉的母亲乔治娜，大家叫她久卡，出生于1812年，像大多数来自贫困和偏远地区的女性一样，久卡从来没有拍过照片，也没有关于她生活的重要资料。

特斯拉提到母亲时说：“我母亲绝对配得上‘伟大女性’这一称呼，她来自这个国家最古老的家庭之一，她有非凡的创造才能，性格上坚强勇敢、刚直不屈。我相信如果她不是与现代生活隔离，她一定能够发明出很多伟大的东西。”

特斯拉的同学莫久·莫迪奇经常和其他男孩一起要特斯拉带他们到他家去，因为特斯拉的妈妈会向他们展示一个奇迹——如何用两根手指把眼睫毛打成结。

她自己设计并制造了织布机，以前她从未见过织布机是什么样子。她还制作了世界上第一个打蛋器。她改进并寻找新方法——如何利用各种植物制作不寻常的线，然后把这些不同色彩的丝线，织成五彩斑斓的布匹。特斯拉一生珍藏在身边的一个美丽彩色背包，就是他的母亲亲手织布并制作出来的。

特斯拉母亲发明的织布机

特斯拉母亲是东正教神父的女儿，她内心的平和及灵性，并不常见。一次，她去了一个家庭，这个家庭中的所有成员都死于一种危险的传染病，她为他们洗澡，穿上衣服，做好葬礼前所有的准备工作，那时她只有十六岁。

在特斯拉记忆中，“母亲的记忆力非同凡响，弥补了她读写能力的不足。由于母亲是在一个书香门第的家中长大，她耳濡目染，汲取了许多的精髓。她能准确无误地背诵民族诗歌——《塞尔维亚人的传奇故事》，并且能背诵《圣经》中的大段文章。她能根据记忆讲述整首哲学诗——《格尔斯基·伐那克》，这首诗的作者是主教彼得洛维奇·聂格什。”

特斯拉的父亲米卢廷，1819年2月出生在瑞都齐村。他在戈斯皮奇就读于一家德国学校，然后读了一所军校后就退学了，并在普拉斯基学习神学。完成神学学业后，1845年与久卡结婚。

米卢廷在斯米连村及其周围地区传教。特斯拉在他的传记中写道：“我的父亲是一位真正的哲学家、诗人和作家……他有着非凡的记忆，他经常会背诵各种语言的长片段作品。在开玩笑的时候，他甚至曾经说过，如果这些经典丢失了，他将能够通过记忆写出任何作品……他有一个有趣的习惯，在房间里可以自言自语，有时又像和谁大声讨论问题，甚至他会改变他的声音。如果你没有听过他的声音，我可以发誓，你会认为房间里有几个人陪他说话。”

特斯拉早年缺乏自信心，原因之一是他的哥哥丹尼尔。

丹尼尔被认为是家庭中的天才。

“我的父亲是一位非常有学识和有名的希腊东正教教士，为教会做传教工作。他必须去很远的地方传教，经常要穿越陡峭而险峻的山路，尽管他是一位出色的骑手，但他很难获得一匹快速而稳健的马，特别是当山路被狼群侵扰时。幸运的是，他遇到了一匹纯正的阿拉伯血统的马，它常以极快的速度驰骋。这匹马在狼群围攻的危险中，以惊人的智慧和勇气，拯救了父亲的生命。但不幸的是，我的兄弟——一个被赞扬为天才的少年，从马上摔下来，撞伤了头部，从此再也没有康复过来。时隔多年，我依旧忘不了当时的情景。在我的印象里，哥哥实在是太出类拔萃了；无论我付出多大的努力，在他面前都好像萤火面对皓月。”

特斯拉为了安慰父母，努力让自己一切都做到最好。可无论他做什么、做得再好，也不能缓解父母的痛苦，相反，他们会愈发思念他哥哥。

特斯拉想尽量把事情做得好一些，但是他觉得做得再好也“只不过使我父母对他们的沉重损失倍感伤心。因此我越长大越对自己失去信心。但是，我完全不是一个愚笨的孩子……”。

特斯拉小的时候经历过几次与死亡擦肩的危险。十四岁那年，他和朋友们一起去河里游泳。他突然想搞恶作剧吓吓他们。特斯拉打算趁他们不备溜到对面去。于是，他趁大家不注意，深吸一口气，调转方向，迅速向对岸游了过去。

特斯拉本来以为漂浮物是安全的，能让他休息一下，但没想到，他从水里出来的瞬间就撞到了建筑物上的一根横梁。第二次试图浮出水面时，他的头又一次碰到了梁木上。他用尽全身的力气奋力一搏，结果还是一样。

因为缺氧，特斯拉已经眩晕，身体开始往下沉。就在这一刹那，头顶上建筑物的结构图仿佛出现在他的脑海之中，他确定水面和架在横梁上的木板之间有一道空隙。于是，他就从这个空隙中逃了出来。

特斯拉从水里出来时，他的朋友们正在四处打捞他，他们已经绝望了。

那次的鲁莽行动差点成为噩梦，让特斯拉一直心有余悸。可是，两年之后，特斯拉又经历了更糟糕的情况。

家乡附近一条河，河的上游是一座堤坝，他喜欢在那儿游泳。有一天，他去那里游泳。快游到堤坝的时候，他才发现河水上涨了。他想赶紧游出来，但湍急的水流把他卷了进去。就在被水冲走的瞬间，他紧紧抓住了大坝的墙壁。

特斯拉努力把头露出水面，水流巨大的冲击力压在他的胸口，让他呼吸艰难。渐渐地，他身上的力气慢慢消失了，他的双手就快抓不住墙壁了。

就在特斯拉快要坚持不住的时候，他脑中浮现出了一张熟悉的水压原理示意图。他很快意识到，水流的压力与受力面积成正比，于是他慢慢把身体转向左侧。就好像被施了魔法一样，水流的压力顿时减小。

经过漫长而痛苦的努力，特斯拉终于拼尽最后一丝力气，爬到岸边，昏了过去。

特斯拉一直高烧不退，过了几个星期才好。庆幸的是，他奇迹般地康复了。

后来，每当特斯拉想到新点子或是遇到困境时，当他闭上双眼，总是首先看见一片沉静而均匀的蓝色背景，它和没有星光的晴朗夜空一模一样。过了几秒钟，这片安静的背景开始活跃起来，闪耀出无数的绿色光芒，绿光分成几层，不断向他扑来。然后，在背景右方出现了一幅由两组平行分布、排列紧密的线条构成的美丽图案。这两组线条互成直角，五彩缤纷，以黄色、绿色和金色为主。紧接着，线条越来越亮，整个图案布满了闪闪发亮的光点。这片景象慢慢地从他的眼前掠过，大约十秒钟之后从左边消失，剩下一种沉闷而呆滞的灰色背景，接着很快变换成翻腾的云海，似乎生命要从这片云海中喷薄而出。每次在他入睡之前，人和物的景象不停地掠过他的眼前，当他看到这些景象时，他就知道自己快要入睡了。如果景象迟迟不出现，这就是说他要通宵失眠了。

斯米连村午夜的闪电和雷鸣，带来了一位旷世奇才，闪电与特斯拉以后的生活和发明创造，密不可分。

他们之间，有什么直接或间接的关联吗？

天马行空的日子

特斯拉对电的痴迷，追溯到他三岁时。“漂亮的马查克是我快乐的源泉，世上最美好的猫。一个雪夜，人们在雪地里走过，身后留下一串串闪着亮光的足迹，投掷一个雪球到障碍物上会发出一道闪光，就像用小刀劈开一块糖。”

当特斯拉捋着马查克的后背时，他的手掌产生了一些电火花，还伴着噼里啪啦的声音。

“这是什么？”特斯拉问父亲。

特斯拉父亲说：“这是电，跟你在雷雨天看到的劈到树上的闪电一样。”

母亲突然震惊地喊道：“你还不赶快停下来，回头弄出火灾来可了不得。”

特斯拉在 1939 年的回忆录中说：“我聚精会神地看着它，我看到了什么？还是一切都是幻觉？我挣开双眼，确定无疑地看到它的身体环绕着圣徒般的光环！这个奇妙的夜晚对我幼时想象力的影响是不可估量的。我日复一日地问自己：‘电是什么？’但怎么都找不到答案。至今八十年过去了，我还在问这个问题，仍不得其解。”

特斯拉的爷爷是拿破仑时期的一位军官，收藏了几个欧洲古典的时钟。最让爷爷不放心的是，特斯拉会经常把爷爷心爱的时钟拆卸下来，探究钟表的指针是靠什么来走动的。但是，每次拆开之后，他往往不能再装回去。看着散落一地的零件，他只能沉默地等待爷爷的抱怨。爷爷一边组装闹钟，一边唠唠叨叨地说他是个淘气包。再以后，爷爷真的生气了，在门上贴了“禁止入内”的纸条。随着特斯拉年龄的增长，纸条也在不断地更改内容。

当特斯拉的兴趣不能在爷爷那里得到发挥的时候，他只能转移他的目标，把目光投向了家里的家具，用上面的木条开始刻剑。对于他的这个爱好，母亲没有说什么，可父亲却非常生气，严格地限制了他的“创造”。

特斯拉还制作了一个钓青蛙的钩子，每次与小朋友抓青蛙比赛，他都能轻易地获胜，让他的小伙伴们羡慕不已。也就是在这个时候，特斯拉开始展现他超强的动手能力。

特斯拉常常独自在小溪流边观察水的流动和水中的小生物，一待就是几个小时。他看到水在流经石块时会产生流速减缓的现象，他想那是阻力造成的，疏通了阻力，水流就畅通了。

长腿的水黾在水面上逍遥地游来游去，好像站在水面上一样，完全没有浸在水中，这是为什么呢？特斯拉回去问父亲，父亲也不能给他一个满意的答案。

平常不能引起人们关注的事情，在特斯拉这里都是疑问。

智力的开发，依赖的就是多问。特斯拉对事物的思考，已经与同龄的孩童非常不一样了。

特斯拉出生时，哥哥丹尼尔已经七岁。他从小就意识到，父母把所有的爱，都给了丹尼尔。丹尼尔才华横溢，是父母的天之骄子。

“我有一个天才的哥哥。我哥哥平凡的身躯能拥有如此不平凡的天赋，是生物学上的一个难解之谜。”

“直到八岁以前，我都很脆弱，性格也非常优柔寡断。那时，我既没有勇气，也没有能力去塑造坚定的决断力。我的情绪波动很厉害，而且总是从一个极端到另一个极端。”

童年的恐惧，使特斯拉整夜整夜都处在幻象之中。“童年由于出现幻象，我有过一段奇怪而痛苦的经历。这种感觉让我万分难受和焦急。”

为了摆脱这种恐惧，特斯拉就主动地去想象自己在另外一个地方生活，那里的人对他都非常友好，而那些场景就像真实的一样，非常清晰。

“出于本能，我开始摆脱我所熟知区域的束缚，本能地进行我的思维旅行，从此看到了从未见过的新景象。开始，这些新景象非常模糊，很难辨认，每当我把注意力集中到这些新景象上时，它们总会突然消失。然而，逐渐地，它们也会变得更清晰，最终我脑海中的图像，恍如真实发生。”

幻象，不时地涌现在特斯拉大脑里。“很快地，我发现，我从这种天马行空的想象中得到了极大的乐趣。于是，我开始享受这种旅行——大脑里的旅行。每个晚上，有时也在白天，当我独自一人时，我就开始了旅程，游览新的地方，来到新的国家和地区，居住在不同的城市，了解当地的生活，结交新的朋友。令人无法置信的是，他们对我真诚而友好，与他们相处就和与现实生活中的人打交道一样，他们的音容笑貌是如此亲切，他们所有人都生活悠闲，与世无争。十七岁以前，我一直都是这样生活的。”

特斯拉能够在自己的幻象中穿梭到异国他乡，理解不同的语言，让他之后的生活充满了创造力。

特斯拉说：“一开始，画面非常模糊，然后越来越清晰。我能看到陌生的地方、城市和国家，我住在那里，认识了很多人，结下了友谊。同样不可思议的是，他们对我非常亲近，一切仿佛是真的。”

特斯拉慢慢摸索出一种途径，只要他愿意，就可以随时进入状态。他说过，他能够在任何时候关闭所有连接外部世界的意识，进入这样一种状态，让他具有内视能力，让各种构想在脑中得以完善，直至完美。

匈牙利著名作家约西卡的小说《阿奥菲》，改变了他脆弱和优柔寡断的性格，“不知道为什么，这本小说唤醒了我沉睡的意志力，从那时起，我开始有意识地练习自我控制。最初，我的决心很快就会动摇，就像四月雪一样。但没过多长时间，我就克服了自己的弱点，终于可以按照自己的意志做事情了，这让我感到了前所未有的快乐。慢慢地，我开始适应了这种自我控制的心理训练，并养成了不自觉的习惯。一开始，我会经常压制自己的爱好。然而，逐渐地，我可以将个人爱好与意志控制结合起来。这样过了几年，我不仅可以完全控制自己的意志，甚至可以以游戏的心态控制自己的爱好，而有些嗜好其实足以毁灭意志最坚强的人。”

特斯拉读完这本书时才八岁。当他带着小男孩的喜悦开始训练他的意志时，他很快就发现了如何通过他的思想控制自己的方法。在儿时的日子里，特斯拉的创造性方法的基础是能够想象一些物体的照片，在他的想象空间中的装置或机器，精确地具有所有细节和比例，可以移动部件，改变比例并根据他的愿望减少或放大图片。

特斯拉认为，他之所以能成为一名发明家，要归功于这段时间的严格训练。

米卢廷·特斯拉是一位东正教神父，所以，特斯拉一出生，家人就想让他将来成为一名牧师。

有一次，特斯拉从屋顶掉进了盛热牛奶的大锅里，却没有受伤和烧伤，父母说：“这不奇怪吗？他肯定会是一位主教，也许是一位族长。”

特斯拉爷爷辈的人，从小接受的是军事教育。爷爷是拿破仑时期的军官，父亲却成了一位声望很高的牧师。

特斯拉在斯米连村度过了他人生的第一个阶段，一生永远难忘的经历。

1862 年，特斯拉的家迁到了附近的戈斯皮奇市。他进入小学，第一次看到了一批机械模型，包括水轮机。他把其中许多种机器都仿造出来了，而且兴高采烈地把这些机械开动起来。特斯拉受到机械模型的影响，发明了一种小玩具，用四只金甲虫作为动力，金甲虫煽动着翅膀，这台机器就能转动了，这个小小的发明让他兴奋。

镇上，一位商人买了一辆新消防车。一天，红黑相间的消防车被运到河边，准备进行消防车喷水表演，不料喷水枪滴水不出，大家急得团团转。

八岁的特斯拉本能地猜到，肯定是空气压力出了问题。他跳进水里，在水中找到脱落的胶皮管。他在水中摸索了一会儿，将胶皮管重新连接好，于是，水哗哗地喷了出来。很多身穿漂亮衣服的人们，被淋得浑身是水，但喜笑颜开。消防队员们把他扛在肩上，兴高采烈地欢呼，转瞬间，他成了盖世英雄。

修好消防车让特斯拉真切地认识到，真空状态确实能带来无限的可能性。他迫不及待地想驾驭这种源源不断的力量，简直到了如痴如醉的地步。

十岁时，特斯拉进入一所文理中学。这家中学是新成立的，教学设备非常完善。学校物理实验室里的装备尤其良好，有各种各样经典的教学装置，比如电学设备以及机械仪器。教师进行的各种实验，让他入迷。毫无疑问，电子学、物理学激起了他强烈的发明欲望。

在这所学校的第二年，特斯拉开始沉醉于一个想法，就是利用持续不断的空气压力和真空产生连续运动。但是，有很长一段时间，他在黑暗中摸索彷徨。

“无论如何，我的全部心血都倾注到这一项发明上了。有了这项发明，我就能够做出任何一个凡人不敢做的事情。”

特斯拉设想出一个圆柱形的装置，装上两个轴承，在轴承的作用下自由旋转。圆柱形的一部分套着一个精密配合的矩形槽，槽的开口一侧用一个隔板封上，圆柱体被隔板分成两部分，中间有不漏气的滑动接头将其完全分开。这两部分中的一部分完全封闭，只要把它里面的空气彻底抽空，另外一部分就会自动敞开。这样，圆柱体就能不停地旋转。

于是，特斯拉按设想的样子制作了一个木制模型，并按设计原理仔细地把它安装到气泵的一边。

“让我惊喜的是，圆柱体果然能轻微转动，我真是开心极了。”

特斯拉的另外一个梦想是能够飞行。他撑着一把雨伞从屋顶往下跳，想要飞起来，结果却重重地摔在地上。

“小时候，我每天都希望自己能够腾云驾雾，穿越云层飞到遥远的地方，但是我始终不明白究竟怎样才能办到。后来，我有了具体的办法，而且制造出了实物模型。接下来，我要制作一架飞行器，什么也不用，只要一根转轴、一双可拍动的翅膀以及极高程度的真空。”

“青春的羽翼，拥有生命中的一切！”特斯拉记下了天马行空的心情。

1870年，特斯拉成为瑞尔卡高中的学生，来到克罗地亚的卡洛维奇。

在从戈斯皮奇到卡洛维奇的路上，特斯拉第一次看到了铁路火车，这让他非常激动。发明理想的交通工具，从此成为他生命中最喜欢的话题之一。

卡洛维奇的瑞尔卡是一所著名且受人尊敬的学校，学生们一直在为工程学做准备。

在1880至1881学年的物理课程中，学校的实验室共有二百七十七台设备和仪器。马丁·斯库里奇教授在特斯拉的生活中发挥了重要作用。“他向学生介绍了电气工程的最新成果：发现了铅蓄电池、直流电的克拉姆机，铺设跨大西洋电缆连接美国和欧洲。”

特斯拉一直记得物理课程以及他的教授展示的实验：“即使我亲自参加他对这种神秘现象的实验，我也无法形容其中的感情力量。这些实验中的每一个，都在我脑中响起了几千个回声。我想更多地了解这种非凡的力量，渴望进行实验、研究，然后我痛苦地退后一步……”

卡洛维奇，地势低洼、布满沼泽，特斯拉得了一场重病，境况十分危急，医生对他都不抱希望了，但他仍然坚持读书。

有一天，当地的公共图书馆到了几本新书，他借了这些书。他躺在病床上被这些书迷住了，完全忘记了自己身患重症。这几本书是马克·吐温的早期作品。

“我觉得是这些书给我带来的愉悦感，让我的身体神奇地康复了。”

高中时，特斯拉经历了一次又一次的病痛折磨，虽然服用了大量的奎宁，但还是摆脱不了疟疾和发烧。他承受着奇怪的痛苦，眩目的闪光时常会出现在他眼前，并伴随着幻象。

“由于出现幻觉我遭受着巨大痛苦，常常伴随着强烈的闪光，里面有真实物体的形象，这些对我的思想和行为产生了很大的影响……当别人对我讲一个词的时候，它的形象就会在我的幻影里栩栩如生地展现出来，以致我自己也分不清这到底是真实还是幻觉。”

“有段时间，我的眼前会浮现出一些画面和景象，常常伴随着强烈的闪光。那些在我眼前经常出现的景象，并不是我自己幻想出来的，而是我曾经真的见过。”

大多数时候，这些幻象有关于一个词或者一个即将闪现的念头；仅仅听到一个词，特斯拉就能想象到这个物体的具体细节。

后来，特斯拉能够详细地试验并制造曾经在他脑中闪过的那些灵感。这是如今被称为视觉思维的天分。

那时，特斯拉的父母坚定地想让他子承父业做一名牧师。

一想到未来，他就万分恐惧，难以接受。实际上，在物理学教授的启发下，他已经对电产生了浓厚的兴趣：“我记得，他曾经制作过一个球状物，外面用锡纸包裹，可以自由旋转。只要与静电起电器相连接，那个球状物就会迅速旋转起来。我亲眼目睹了实验所带来的神奇现象，当时我激动不已，心情久久不能平复。我看到的每次实验都会在我的头脑中一遍遍回放。我极度渴望能深入了解电的神奇力量，渴望终生从事实验研究工作。”

特斯拉在学习中受到电学的启发，要成为一名工程师的愿望在心底升腾。

十七岁，特斯拉面临高中毕业后进神学院的选择。他心情沉重，却不得不面对现实。就在他结束高中学业准备赶回家乡时，父亲要他去狩猎。

几天之后，特斯拉才了解到，家乡霍乱正猖獗流行。他担心父母的安危，于是急匆匆赶回家。到家当天，他就染上了可怕的霍乱，在病床上躺了足足九个月，几乎不能动弹。他的元气因为这次大病几乎消磨殆尽。

在特斯拉病情危重之际，父亲走进了他的房间。

特斯拉疲惫地对父亲说：“如果你答应让我学习工程技术，我也许就能好起来。”

父亲抓住儿子的手说：“我送你去世界上最好的理工学院。”

特斯拉知道父亲不会食言，长时间压在心里的一块巨石终于落地。

幸亏母亲煎了一种山里生长的苦豆子救了他的命，他很快康复了。康复后，他就像换了个人似的，让所有人惊奇不已。

当时，男子到了十七岁不进神学院，就要服三年兵役，特斯拉的身体根本不可能服兵役。他的祖父当过军官，便利用这层关系，以他身患疾病为由躲过了兵役。

父亲让特斯拉到山区过上一年，在那里野营爬山，加强户外体育锻炼。于是，他背着一捆书和必需的户外装备，来到克罗地亚山区，开始了山间的游历之旅。

亲近大自然，不仅可以强身健体，也能够激发他的想象力。每天走在山路上，层峦叠嶂的山，使他的想象力飞升了。在山路上，他思考、计划、构思了很多天马行空的创意。

特斯拉构思过一个方案，希望在海底铺设管道，通过一座水泵站将水压进管道，借助这股力量和水流，将信息传递到目的地。但是，他发现无法解决管道对水流的阻力问题，于是他不得不放弃了这项计划。

特斯拉还想环绕赤道修建一座庞大的环圈，让它自由地悬浮在空中，利用某种反作用力阻止环圈旋转，整个环圈按照与地球相同的速度自由旋转。这样一来，旅行的人们就可以登上环圈，以每小时一千千米的速度绕地球飞行。

特斯拉想通过地球自转获取能量。他注意到，由于地球自转带来昼夜交替，表面物体的运动方向与水平方向时而相同，时而相反。这一方向的改变引起了巨大的能量变化，如果他能够用一种简单可行的方法将那些能量收集起来，并将其作为动力提供到地球上任何可居住的角落，那该是多么巨大的能量。

特斯拉沉浸在发明创造的幻想里，在他的脑海中，经常浮现出种种异常奇异的景象。

他惊奇地发现，“我这种极高明的想象力终于有了用武之地——完全不需要模型，不需要绘图，也不需要实验，单凭想象就可以在脑海中将所有细节看得一清二楚，和真的一模一样。”

后来，特斯拉的发明创造都依靠这种视觉思维：充分利用想象力，完全不需要任何模型、图纸或者实验，就可以在脑海中把所有细节完美地描绘出来，和实际情况没有丝毫差别。

1874 年，特斯拉十八岁。这是他梦幻与狂想的一年，虽然不切实际，但十分豪迈。

他想，像阿基米德那样，在宇宙中找到一个支点，撬动地球。

旋转磁场，转了！

1875 年，特斯拉进入了奥地利格拉茨理工大学，学习物理学、数学和机械学。这所历史悠久、声名卓著的大学，是父亲专为他挑选的。这是他期待已久的时刻。

有父亲的教育和他以前的各种历练，他的起点远远超过他的同学。他很快掌握了几门语言，阅读了几家图书馆的书籍，从中得到了大量知识和信息。

第一学年，由于亲戚布兰科维奇的帮助，特斯拉获得了卡尔洛瓦茨军事部门的奖学金，奖学金“覆盖”了十个学月。因为不必为经费担忧，他决心一年完成两年的课程，物理、数学和机械学是他的主攻方向。

特斯拉试图通过他的辛勤工作和坚持不懈的努力，让家人少操点心。

“我非常期待那一刻，我以快乐和完全相信成功的方式接近我的学业。我的工作准备得非常充分，我感谢父亲，他每天为我的教育担忧，还有他给了我明智的指导。

“在那些年里，我已经能够用多种语言，我已经阅读了许多不同的书，所以我对许多有用的东西有了概念。我终于可以在生命中掌握那些我最感兴趣的科目。

“第一年我不间断地学习，从凌晨三点到晚上十一点，坚定地做出让我父母高兴的决定。日复一日，周日和节假日都是如此。

“第一年，我通过了所有九门考试，教授们一致认为我已获得了最高的分数。

“我带着值得称道的成绩回到家里，我确保父亲、母亲会以喜悦的心情迎接我。但是，当我看到父亲对我的成绩无动于衷时，我非常失望。后来，当父亲去世后，我在整理他的遗物时，我才知道真正原因。

“我的教授在他给我父亲的信件中建议父亲禁止我继续上学，因为我过于拼命地学习，可能会毁了我。”

在米卢廷·特斯拉保存的物品中，还有一些来自他与教授通信的信件，这些信件证明了特斯拉在学习计划中解决最复杂问题的非凡能力，这给所有教职员工留下了深刻的印象。

特斯拉在格拉茨理工大学取得的学业上的进步，受到了欧洲科学和文化界人物的影响。约翰·开普勒在格拉茨理工大学撰写的第一篇论文《宇宙之谜》成为不朽之作，对特拉斯影响深远。

著名物理学家路德维希·波兹曼，从 1869 年开始担任特斯拉所在学校的理论物理讲座教授，是启迪特斯拉走向物理领域的引路人。

在特斯拉的记忆中，教授莫里茨·阿莱和杰克布·波埃希尔对他的影响都非常深刻："我的成功方法很不寻常，教授对它们很感兴趣。其中有阿莱博士，他在微积分方程和高等数学课程上讲课，他的讲座以不同寻常的智慧而著称；德国教授波埃希尔是理论和实验物理系主任，我记得他是一个有感恩之情的人。"

在波埃希尔教授的引导下，特斯拉很快被电学的魅力深深吸引："我想了解关于这种神奇力量的所有知识，每一个电火花都在我脑中激荡起千万个回响。波埃希尔教授是一位条理清晰、理性务实的德国人，他所做的实验极其精确，没有丝毫误差，叫人心醉神迷。"

一天，一台从巴黎运来的格雷姆动力机送到学校。这台机器有马蹄铁式的迭片磁铁，有用金属丝缠绕的装有整流器的电枢，连接之后，它就能展示电流的不同效果。

当波埃希尔教授操作时，这台机器冒出了大量火花，电刷发生了故障。

于是，特斯拉大胆地向波埃希尔教授提议说："现在的发电机如果改用交流电的话，将会有极大的改进空间，可以对机器的设计进行改进，拆掉磁铁和电枢也可以让电机运转。方法是取消整流，改用交流电。"

那个时代，特斯拉所说的交流电是一个异端邪说。那时的电气技术人员认为，交流电不能用于形成旋转力的事实，如同牛顿定律一样坚固。大家都认为特斯拉的这个想法是异想天开，绝对不可能实现。

让特斯拉尴尬的是，波埃希尔教授在课堂上当着同学们的面，毫不留情地对他才华横溢的学生说："万有引力的力量转化为圆周运动的力量是完全不可能的。也许将来，特斯拉可能干出大事业，但是仅就交流电而言，我敢断定，永远都无法实现。"

自从波埃希尔教授否定了他的想法，特斯拉就开始在脑海中想象直流发电机，想象它运转起来的样子，并观察电枢中电流的变化。接下来，他再想象交流发电机，然后按照相同的研究方式来观察和改进。最终，他构想了一个既有电动机又有发电机的系统，并让这两部分分别以不同的方式运转。对他而言，在他头脑中构思的图像都非常真实，跟实际看到的装置没什么差别。

在格拉茨理工大学的剩余时间里，特斯拉一直在进行这项高强度的研究，但一直没取得成果。后来，他几乎放弃了，觉得问题确实无法解决。

年轻的特斯拉不知道如何做到这点，但是他本能地预感到，答案已经藏在他的头脑里。他知道，找不到解决的方法，绝不能罢休。

在接下来的一年中，特斯拉对生活的认识发生了很大的转变。他突然意识到，父母已经为他付出了太多，他下定决心要减轻他们的负担。于是，他办理了退学手续。

1877年，特斯拉离开格拉茨，前往斯洛文尼亚的马里博尔，成为一名助理工程师。他的父亲一直劝他完成大学学业。父亲为他选了布拉格大学的查尔斯－费迪南德大学分校，那里的学费相对低廉很多。

1878年，特斯拉去了布拉格，希望能完成父亲的心愿，在那里完成大学学业。

特斯拉在布拉格的海波恩斯卡街头，第一次享受到在电灯照亮的街道行走的惬意。那是由捷克工程师弗兰提瑟克在比尔森市一个小型灯具厂生产的电灯。

在布拉格，特斯拉的研究取得了非常重大的进步。他把整流器从发电机上拆了下来，从一个新的角度观察发生的现象，虽然没有获得成果，但他对电机的感知已经提升了许多。

“我会先给自己画一台直流电机，投入运行并观察电流如何在转子中转换。然后我想象一个交流发电机并做同样的事情。最后，我想象一下由电机和发电机组成的系统。我会把收集器和机器分开，把它放在另一根轴上，让它在我的意识中运作……”

尽管布拉格大学的学费比格拉茨理工大学减轻了许多，但对收入微薄的父亲，仍然太贵了。

1879年，特斯拉只读完一个学期，父亲去世了。

父亲的去世，使特斯拉有一种愧疚感。父亲为了供他上大学，一直隐瞒着病情，不肯花钱治疗。他明白了，沉重的学费，为他的父亲带来了巨大的压力，使他的父亲早逝。他不再留恋大学，也不要什么学位，毅然退学。

这时，美国掀起的电话浪潮刚刚蔓延到欧洲大陆。消息传来，匈牙利的布达佩斯也要设立一个电话局。对特斯拉而言，这是难得的发展机会，于是他直奔布达佩斯。他父亲的一个朋友是电话公司的负责人，给他找了个制图员的职位。

1880 年，特斯拉在匈牙利中央电报公司负责新设备的数据计算、设计和评估等工作。在那里，他对交流电机的痴迷，到了朝思暮想的程度。

1882 年年初，特斯拉生了一场很严重的病。一种奇怪的疾病使他所有的感官都扩大了。他腿下的地面会不停地颤抖。在黑暗中，像蝙蝠一样，他可以通过额头上的寒意来识别远处的物体，他的脉搏变得更加缓慢，或急促地颤抖，并且整个身体随之痉挛和扭曲。

“我一直被这个问题折磨了好几年。为了寻找答案，我整个人差一点就完了。我的大脑每一根纤维都绷得很紧。然后一件难以解释的事情出现了。我坐在屋子里，可以听清三个房间以外的时钟在滴答作响，一只苍蝇落在桌上发出缓慢沉重的巨响，我的前额有了一种蠕动的奇特感觉，我觉察到黑暗里的一个物体的存在，太阳光在我头脑里引起可怕的轰鸣，几千米外的一辆马车驶过，让我感到浑身剧烈发抖。紧接着各种构思如强光一般一闪而过，并且在瞬间证明了它的真实性，那是一种令人疯狂的快乐。各种思想如奔腾的洪流，让我无法跟上它们的节奏。”

1882 年夏，特斯拉与大学密友安东尼·西格提经常在布达佩斯公园中散步。一天傍晚，西沉的夕阳，使他想起歌德《浮士德》中壮美的诗句：

落日西沉，白昼告终，
乌飞兔走，又促进新的生命流通。
哦，可惜我没有双翅凌空，
不断飞去把太阳追从。
……
白昼在前，黑夜在后，
青天在头上，波涛在下边。
一场美丽的梦，可是太阳已经去远。
唉！肉体的翅膀
毕竟不易和精神的翅膀做伴。

当他体味着歌德的壮美诗句，一道闪电击中了他。正在挥动的胳膊，在半空中突然停住了，他发现了旋转磁场！

他马上找了一根树枝，在地面上画起图来。他脑海中浮现的图像，就像现实生活中的金属和石块一样具体、生动、实实在在。

特斯拉在沙地上绘出的旋转磁场草图
（作者拍摄于克罗地亚尼古拉·特斯拉博物馆）

他一边画图，一边兴奋地对西格提说："看，我这台电动机，我要叫它反过来转。"

此刻，就像一个苹果从树上落在牛顿头上，从而发现了万有引力，特斯拉从夕阳中，发现了旋转磁场！他沉浸在狂喜中，那种激动简直无法形容。"我想希腊神话中的皮格马利翁看到自己的雕像获得生命时的狂喜也不如我当时的感受强烈吧。就算我碰巧发现了上千个大自然的秘密，我也不稀罕，情愿用它们来换取这个发现。为了这个发现，我实在经历了太多的艰难困苦，甚至面临过死亡的威胁。"

这一重大发现，解决了困扰特斯拉直流电机不能多相运行的难题，"这些图像非常清晰，并且具有金属的坚固性。"

异常兴奋的特斯拉欢呼着交流电的发现：“我的愿景变得与现实平等。我的理想是阿基米德。我欣赏艺术家的作品，但根据我的理解，他们只是镜子里的人物。我认为，我是一位发明家，向世界展示了真正存在的作品。”

1882 年年底，特斯拉去了巴黎，在爱迪生的大陆公司工作。在巴黎的时候，他住在布希街（RUE DE BUCI）11 号。

早上在塞纳－马恩省河沐浴后，特斯拉徒步去上班，欣赏沿途的风景。

1881 年 8 月巴黎电动展上，展示了最新的工程成果：贝尔的电话和爱迪生的白炽灯泡照明系统，它们当时由最大的一百一十千瓦直流电发电机供电，被称为“JUMBO”。

电动展上，著名博物学家和《自然》杂志的编辑噶斯顿·提珊迪和他的兄弟阿尔伯特展示了一个带电动马达的气球模型。

“在巴黎，我结识了一些因为和我打台球而喜欢我的美国人。我向这些人解释了我的发明，其中一位是机械部门的领班坎宁安先生，他提议成立一家股份公司。这个建议在我看来非常有趣。我对此一无所知。我想，这只不过是美国人的工作方式而已。”

1883 年，斯特拉斯堡新落成的火车站遇到了直流电气系统漏电事故。德国威廉一世皇帝将要来这里举行剪彩仪式，公司急忙安排特斯拉去处理这件棘手的事。特斯拉很快恢复了发电设施的供电系统，使其正常运行。这之后，他经历了爱迪生法国公司经理的失信和蛮横，也苦于无法将他的交流电发动机的设计和制作在欧洲完成，更没有遇到一个能够洞悉交流电未来巨大前景的伯乐和投资者。

特斯拉深深感到，只有到美国大陆，只有到爱迪生那里，才有可能把他的聪明才智充分地发挥出来。

特斯拉，做好了迈向新大陆的准备。

黎明的曙光，在大西洋的彼岸，喷薄欲出。

第三章　新大陆

投靠爱迪生

1884 年 6 月 6 日，特斯拉踏上了美国新大陆，口袋里只有四美分、他的几首诗、一个微积分的解决方案和飞行器的图纸。

曼哈顿城堡公园移民局有一座雇工楼，凡是新来的人都要在这里登记，然后被分派到劳工队，再被派遣到铁路、矿山、工厂或者牲畜场，从事一天十二个小时的苦役。

特斯拉没有进雇工楼的大门，他的口袋里装着一封爱迪生在欧洲的合伙人——查尔斯·巴切勒的推荐信。除了查尔斯·巴切勒的这封推荐信以外，他几乎一无所有。

从欧洲到美国大陆，迎接特斯拉的除了新鲜之外，更多的还是陌生。

在《我的自传》中，特斯拉记录了他踏上美国大陆的第一感受。

“我希望能说出我对这个国家的第一印象。在阿拉伯故事中，我读到了格尼伊是如何将人们带入梦想之地，过上令人愉快的冒险生活。我的情况正好相反，它让我从一个梦想的世界回到了现实。

“我各方面都是优雅的，翩翩风度和迷人的绅士做派，我在这里看到的机械加工是那样的粗糙，没有任何吸引力。

“一个魁梧的警察站在路边的街角正在旋转他的棍子，看起来像一块大木头一样，我礼貌地向他问路。

“‘第六个街区向下，然后向左。’他说，两只眼睛充满了令人惊恐的目光。

“‘这是美国吗？’我痛苦而又惊讶地问自己。‘这里落后欧洲文明一个世纪。’

“1889 年，我到达这里已经过去五年，我开始相信它已经超过了欧洲一百多年，而今没有任何事情能够改变我的看法。”

特斯拉漫步在曼哈顿区的街道上，走向位于戈尔克街的爱迪生的办公室。

十九世纪的纽约，有着无限的可能性，各种发明与创造以及科学变革层出不穷，特斯拉迫切地想融入进去。

特斯拉的脑子里已经成功地勾画出了一台交流电感应电动机。他带着交流电革命性的点子，认为爱迪生一定会对他的发明拍手称赞。

“与爱迪生的见面是刻骨铭心的。”特斯拉在回忆录中写道，“这次面见爱迪生，是我人生中值得纪念的事件。对于这样一位毫无之前的铺垫，没有接受过科技训练，但却取得如此成就的伟大人物，我一直深感敬佩。”

特斯拉从办公室的门外，终于看见了自己的偶像爱迪生。他对这个出色的男人充满了敬意与好奇。

托马斯·阿尔瓦·爱迪生，三十七岁，头发已经花白，穿着一件方格花布罩衫，纽扣一直扣到下巴。

特斯拉回忆与爱迪生见面的时刻：“电力在当时是新生事物，没有多少人了解它，人们对电有一种恐惧情绪。那时经常会发生火灾，街道上的电线会突然垂落下来，让行驶中的马匹受惊，敞开蹄子在纽约的大街上飞奔。我对与爱迪生的见面充满了期待。这是个用白炽灯给世界带来变革的伟人。我迫不及待地想告诉他，关于我交流电机的一切设想。”

爱迪生是一位实用主义的发明家，他想的是制造出一个东西，然后商业运作，从中得到收益；特斯拉是想要搞明白电能运转的神奇力量是什么，对自然界的惊奇和敬畏驱使着他不断地向前探索。

这是一个闷热的下午，第五街万德比特楼房的壁板后面，因为两根电线相交而引起火灾，将房子烧着了。火虽然扑灭了，但是万德比特太太得知这次火灾的原因就在于地下室里安装了一台蒸汽机和锅炉，这位愤怒的女主人坚决要求爱迪生把整套设备搬走。

爱迪生为万德比特太太派去了一个修理组，然后拿起咖啡杯，喝了一大口凉咖啡。

电话铃又响了，爱迪生拿起听筒。“俄勒冈号”轮船的船舶公司经理，一定要爱迪生说清楚是否已安排计划抢修他们的照明用发电机。轮船已经推迟几天不能起航，眼看就要亏损一大笔钱。爱迪生一阵犹豫，他已经没有工程师可派了，但他还是答应了船舶公司经理，“我马上派一位工程师过去。”

爱迪生刚刚挂上电话，一个气喘吁吁的男孩猛地冲进来，报告说安恩和纳萨两条街漏电了。这位男孩绘声绘色地说，“有一个收旧货的人骑马经过，连人带马被电到空中，人们看到马在空中飞舞。”

爱迪生冲着手下的工头吼道：“立即找一帮人来！切断电流，把漏电的地方修好！”

特斯拉刚刚见到爱迪生的几分钟，就经历了三起电力事故。

爱迪生看见一个高瘦的人影在他的办公室外徘徊，他让晃动的人影进来。特斯拉走进办公室，报过姓名，拿出了巴切勒先生的推荐信。

爱迪生接过巴切勒的介绍信。

亲爱的爱迪生：

我认识两位伟大的人，一位是你，另外一位就是这位年轻人。

爱迪生打量着特斯拉，特斯拉目光里闪耀着过人的旺盛精力。爱迪生好奇地问：“伟人，你能做些什么？”

特斯拉这样记录那个时刻他眼中的爱迪生：“我对这个出色的男人充满了敬意与好奇，他并没有什么先天优势，后天也没有受过良好的科学教育，但却取得了如此巨大的成就。而我学习了十几种语言，阅读过各种文学和艺术作品，还利用最好的时光在图书馆翻阅各种数据，从牛顿定律到保罗·德·科克的小说，可以说是无所不读。然而，与爱迪生比起来，我认为自己浪费了大量的宝贵时间。”

别了，爱迪生

特斯拉向爱迪生介绍他在法国和德国为爱迪生公司办过的事情。爱迪生喝着咖啡，饶有情趣地听着。不等爱迪生回答，特斯拉刻不容缓地谈起交流电感应电动机。

特斯拉大胆地建议："直流电的麻烦是不能变压，输出的电压是多少就是多少。如果输出过高，另外一端的灯泡就全部烧掉。"

爱迪生放下咖啡杯，脸上的表情有些不自然了。

特斯拉一语道出直流电的弊端："如果直流电想远距离传送，就需要胳膊这么粗的电线。"

爱迪生的手指不耐烦地敲着桌子说："好吧，我们就一千米建一个电站好啦！"

特斯拉平静地想说服爱迪生："直流电能够正常地带动电机和电灯，但不可能高效地长距离输送。也就是说，直流电不适宜给远距离的工业企业供电。相反，交流电，电线细，电压高，适合长距离传送。交流电通过变压，能够解决距离问题。

但目前还没有供交流电驱动的电动机。我可以为您建第一台交流电感应电动机。”

爱迪生不屑一顾地说：“这种东西太危险！”

特斯拉据理力争：“这是未来的潮流。”

爱迪生按捺不住了，对特斯拉嚷着：“我们美国搞直流电搞定了，大家喜欢直流电，我一辈子要的就是直流电。”

爱迪生看着特斯拉说：“巴切勒是我的好友，他的推荐是有效的。我可以给你找点差事干。你会修理船舶照明发电设备吗？”

“俄勒冈号”是当时最快的客轮，因为两套照明发电机出现故障，它已经推迟几天不能启航。那艘轮船的上层，是发电机系统安装好之后才建造的，所以根本不可能把它从船舱上卸下来。故障很严重，让爱迪生十分苦恼。

特斯拉当天晚上就携带工具登上了“俄勒冈号”，开始各项修理工作。发电机的问题很严重，有好几处短路和漏电。在船员的帮助下，他干了一个通宵，成功地排除了所有故障。

清晨五点，他沿着第五街步行回到爱迪生工作室，碰见爱迪生和照明公司经理约翰逊正在办公室门前聊天。

爱迪生打趣说：“瞧，我们的‘巴黎人’整整熬了一夜。”

爱迪生问起“俄勒冈号”的情况。特斯拉说，他刚刚把两台机器修好。爱迪生默默地看着他，然后一声不吭地走开了。但是特斯拉耳朵特别尖，他听到爱迪生走出几步远以后对约翰逊说：“这小子真是把好手！”

特斯拉的技术很快就赢得了爱迪生的信任，爱迪生给特斯拉几乎完全自由的特权，由他全权处理工厂设计方面的各种问题。

特斯拉给了爱迪生一套改进直流电机的完整方案，可以把事故降低到最低点。爱迪生听了很激动，直流电机几乎天天都有事故发生，折磨得他整天寝食难安。

爱迪生激动地承诺，“如果你改进了直流电机，我给你五万美元奖励！”

特斯拉每天从上午十点半钟一直工作到第二天早晨五点钟。这种精神使爱迪生不得不承认：“我手下有很多任劳任怨的助手，但没有一个能超过你。”

经过九个月的辛勤工作，特斯拉完成了二十四项直流发电机的重大改进。爱迪生用自己的名字，申报了这些发明专利。

尼古拉·特斯拉为爱迪生改进的直流电机
（收藏于尼古拉·特斯拉博物馆）

一天，特斯拉来到爱迪生的办公室，向爱迪生要他承诺过的五万美元奖金。

爱迪生耸耸肩，摊开手，撇嘴笑着说，“什么五万美元？这不过是美国人开的一个玩笑。”

面对爱迪生的失信，特斯拉决定辞掉这份工作。

爱迪生在日记中记载，特斯拉离开爱迪生公司的最后日期是 12 月 7 日。

特斯拉在日记中，用大写字母写道：“别了，爱迪生机械车间。”

电流大战

之后的两年，是特斯拉最为困难的时期，他只能靠打零工和挖电线沟来维持生活，每天的收入只有二美元。

工头给特斯拉介绍了西方联合电报公司高级工程师阿尔弗莱德·布朗。布朗不但懂交流电，而且对新发明很感兴趣。布朗给他介绍了著名律师和投资人查尔斯·佩克。三个人成为了合伙人。

1887 年 4 月，三人一起组建了特斯拉电气公司，开发特斯拉的发明。

公司设立在自由街（Liberty Street），建立了实验室和厂房。实验室，和爱迪生的工厂相距不远。

特斯拉终于盼到了这一天，他终于拥有了自己的实验室。

“当天生的爱好发展成为一个强烈的愿望时，一个人会以惊人的速度向着他的目标大跨步地奔去。”

一个月内，特斯拉在多相系统领域申请了两项专利：热磁电力发电机（专利号 428057）和用于发电机的换向器（专利号 382845)。

1887 年 5 月，特斯拉的大学密友安东尼·西格提来到美国。西格提伴随着特斯拉，一起见证了他发明交流电发动机的一刻，帮他一起制作出第一套交流电系统，建造了第一批带有转子的电机模型，形状如同钢盘。

从 10 月 12 日到 12 月 23 日，著名的专利办公室邓肯(Duncan)，柯蒂斯和派克(Curtis & Page)律师事务所向国家专利局为特斯拉申请专利。特斯拉的七项专利涵盖了两相和三相异步电动机的主要型号，以及两相和三相同步发电机。

1888 年 5 月 1 日，特斯拉所有涉及到发电机和电动机的七项专利均在美国专利局获得批准。

1888 年 5 月，特斯拉终于遇到了伯乐，美国电力工程学会主席马丁。他看到特斯拉发明的感应发动机和交流电系统后，判定这绝对是一个划时代的发明。

马丁绕开了爱迪生等巨头的封锁，找到了康乃尔大学电力工程学著名教授威廉·安东尼，请他帮助特斯拉做第三方的权威判定。安东尼教授，当即意识到了特斯拉系统的重大意义，并设立了电气工程课程。

安东尼为特斯拉的交流电大声疾呼，"这不单是一种新的电机，它完全可能是一种新兴技术的基础。这种系统的关键在于一种无与伦比的简单感应电动机，它不易损坏，几乎没有什么磨损部件。"

安东尼教授在美国电力界是权威。他的推荐，让特斯拉这个默默无闻的塞尔维亚人，一夜闻名。

紧接着，马丁说服特斯拉向外做一个讲座，展示他的发明。

1888年5月16日，特斯拉在麦迪逊47街哥伦比亚学院举行的电力工程学会会议上做报告，报告的题目是《交流电机和变压器的新系统》。他的这份报告成了一篇经典之作。

“现在我要向各位展示的，是一台我确信将树立起交流电优势的电动机……”特斯拉向工程师们展示他的交流电动机，并为他们做了演示。

特斯拉发明的交流电动机，终于让交流电远距离高压传输的优点完全展现了出来。

B. A. 别朗德博士在评论这次报告时说：“自从法拉第的《电气试验研究》问世以来，还没有一个人把一项伟大的真理，讲解得如此简明而透彻……他的论文甚至包含了数学理论的要义。”

从那时起，交流电被誉为电能的一个更为直接的应用，而特斯拉也成为这一发明的奠基者。

早在1886年，当西屋公司意识到通过变压器可以增加电力传输的范围时，他们购买了古拉德和基波斯变压器开发的专利权。1886年至1888年期间，西屋公司建立了三十个单相交流电的小型电站，功率高达六千瓦，频率为一百三十三赫兹。

西屋公司得知特斯拉的发明专利获得批准的消息后，便立即委派西屋公司的律师贝雷斯拜和工程师史丹利一起前往曼哈顿地区与特斯拉见面。

在与特斯拉会面后的第二天，工程师史丹利写信给西屋公司总裁威斯汀豪斯："特斯拉的电动机是我所见过的最好的电动机。我相信它比大多数直流电机更有效。"同时，史丹利的助手、工程师奎度·潘特来恩与一位意大利发明家法拉利就特斯拉的交流电动机的发明进行了谈判。

威斯汀豪斯也是一位发明家，他最出名的发明是挽救了无数人生命的火车空气制动这一安防系统。凭借四百多项发明，他跻身于世界一流发明家行列，并且成立了"西屋电气公司"。

威斯汀豪斯，尼古拉·特斯拉最重要的合伙人

当特斯拉手握四十多项专利、成为交流电的奠基人时，想投资他的人不少。但是他相信自己的判断，选择了当时非常有胆识的威斯汀豪斯。

他这么描述威斯汀豪斯，“当他被激怒时，没有谁比威斯汀豪斯更加厉害。他是日常生活中的运动员。可是一旦遇到不可逾越的困难时，他就变成了一个巨人。当别人绝望而放弃的时候，他则会胜利。即使将他送到万物反对他的另一个星球，他也会找到福音。以我的看法，威斯汀豪斯是这个世界上唯一一个能够在现存的环境下采用我的交流电系统，来战胜偏见和金钱的势力的人。他是一个具有光辉形象的开拓者，是世界级的贵族。”

1888 年 7 月 7 日，威斯汀豪斯与特斯拉签订了一份具有历史意义的合同，使西屋公司在十九世纪九十年代成为交流电电机的制造者。

西屋公司与特斯拉的合作让爱迪生非常不高兴，他扬言要不惜采取一切手段来阻止交流电。

爱迪生的“媒体机器”大肆渲染交流电的危险，诋毁特斯拉和西屋公司的交流电，史称“电流大战”。

爱迪生召开记者发布会，对记者说：“我个人的意见是废止所有的交流电应用，因为它们不但不必要，而且非常危险。”

这时，哈罗德·布朗出现了，他成了帮助爱迪生诋毁交流电的“最大帮手”。

布朗自称电气工程师，但其实对电学一知半解，更没有接受过工程师的专业训练。他在看到报纸上经常报道的电线漏电事故后，发现了商机。1888 年 6 月，他向《纽约邮报》编辑投书，措辞强硬激烈，将接二连三的触电伤亡事故归咎于交流电。《纽约邮报》刊登了他的这封投书，从而引起了很多人的关注。

为了证明自己的观点是正确的，布朗决定做实验以对比交流电与直流电的危险性。于是他打电话给爱迪生，希望能够从爱迪生那里借一些实验用的电子设备。爱迪生虽然与布朗素昧平生，但他们两人都坚信并鼓吹直流电比交流电更安全，因此对于爱迪生来说，布朗的实验正好可以帮助他战胜交流电。

爱迪生随即邀请布朗前往爱迪生的私人实验室进行实验，并将所有必需设备置于布朗的全权控制之下。

新泽西州西奥林奇，住在附近的人家，突然发现他们豢养的爱畜丢失了。很快他们就弄清了原委，原来是布朗雇用了一些小学生抓猫抓狗，每抓到一只，就给二十五美分。然后用交流电进行试验，把这些猫狗电死。

布朗带领记者开始了巡回表演，在各大城市的学校演讲台上，用交流电电死牛和狗。当一头牛、一条狗被电死在台上时，爱迪生的助手们就鼓掌：“这是把它们‘西屋化’了。”

布朗以猫狗为实验对象进行电击实验。试验一共进行了十多次。在最终收手之前，布朗总共在爱迪生的实验室对四十四条狗进行了电击实验，全部饱经折磨，死于非命。

“我确定了直流电及交流电的准确致死电压，而这一确定，应该足以让爱迪生先生及其他顶尖科学家感到满意。”布朗宣称，“结果证明，一百六十伏的交流电，也就是西屋公司及其他输变电所使用的照明电压的六分之一，就足以当场致命。相反，直流电，即便电压高达一千四百二十伏，都不会导致任何伤害结果。”

布朗进行了新一轮的动物实验。这次实验的对象是两头牛犊以及一匹骏马。骏马在被七百伏的交流电持续电击二十五秒后，翻倒在地，气绝身亡。

与此同时，美国东部所有车站，大量散发传单，传单上印着：“西屋公司的交流电可以在六个月时间里，杀死所有顾客，无论你的块头多大。”

马戏团的一头大象被绑着拉到台上，观众们惊呆了。大象还在卷鼻子，但布朗一按下六千六百伏交流电，大象就沉重地倒在了台上。

布朗拍下了电杀大象的过程。经过剪辑，拍摄画面成了一部影片。

影片中的台词说道：“你打算让你的妻子用这样的发明做饭吗？”

布朗还向爱迪生表示：“交流电不仅适合于处死屠宰场的动物，还适合于处决死囚。”

爱迪生通过自己的影响游说美国国会，把死刑由过去的绞刑改为电刑，为此发明了世界上第一把电刑椅。他们打算通过电椅，一举了结交流电。

1889 年 6 月 1 日，爱迪生工厂制造的第一把电椅，在奥本监狱安装完毕。

6月 4 日，纽约州政府宣布，正式采用电椅作为处决工具。威廉·肯姆勒因杀死自己的女友，成为第一位电椅受刑人。

这是世界上第一例电刑。爱迪生和布朗举杯庆祝。一个人就要丧命，就要“西屋化”了。

1890 年 8 月 6 日，肯姆勒在奥本监狱的行刑室受刑。四十多名证人坐成十排，观看行刑过程，其中一半是医生和物理学家。

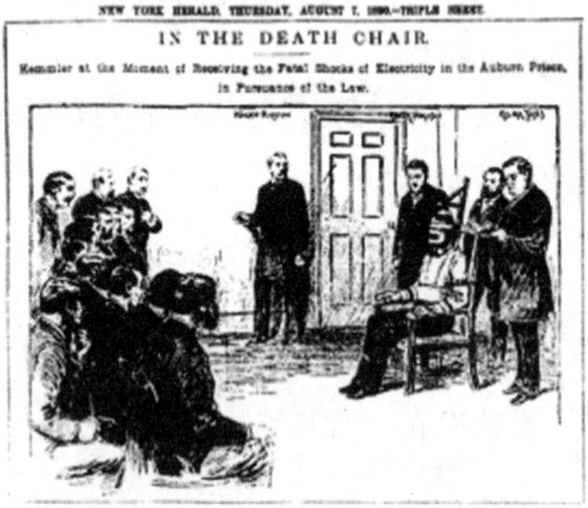

肯姆勒在奥本监狱的电椅行刑室

一名目睹行刑的记者表示：“这是个可怕的场面，比绞刑可怕得多。这种残忍的处决方式，不单单是野蛮不人道，而且是文明社会必须去除的一部分。”

这一次，人们相信了“交流电具有致人死地的独特属性”的论断。也因此，交流电被用于执行死刑的电椅。

布朗等通过这一系列的举动，给交流电蒙上了阴影，人们对交流电的畏惧可想而知，但是交流电的优势势不可挡。

特斯拉在回答记者时说，“如果仇恨可以被转化成电，世界早已轻如鸿毛。”

爱迪生没有想到，在他双眼紧紧盯着特斯拉和西屋公司时，一双眼睛一直关注着他。这个人就是 J. P. 摩根。

J. P. 摩根出生于 1837 年，是金融家、银行家，一直试图垄断世界的金融及工业并购。1882 年，摩根资助爱迪生在金融区旁开了直流电力能源公司，设立发电站和输电网等相应基础设施，很快使电灯在美国普遍使用。

十年后，爱迪生电气公司在资金链彻底断掉之后，被摩根吞并。

在新公司的名称里，原创始人的名字，一个不留，爱迪生黯然出局。从此之后，这家新公司，叫作“通用电气公司”。

董事长是查尔斯 · 柯菲恩。柯菲恩是摩根的得意门生，也是摩根“托拉斯”的得力打手。

《电气工程师杂志》里写道：“现在到处盛传，而且许多人也都有这样一种看法，就是通用电气公司将很快吞并威斯汀豪斯公司。”

第四章　一生最闪亮的时刻

世博会，亮了！

1893年，为庆祝美国新大陆被发现四百周年，美国政府举办了芝加哥世界博览会。这是世界上首届使用电灯照明的世博会。

芝加哥世博会将要办成一个“明天的世界”、一座把大地照亮的“白色之城”。世博会的照明，需要二十万只灯泡才能达到预期效果。

1893年芝加哥世界博览会鸟瞰图

世博会发出了照明招标书。西屋公司再也找不出比这更好的陈列橱窗了。

威斯汀豪斯激动地对特斯拉说："这将是新时代最雄伟的壮举。通过这次机会，不但可以显示交流电，而且可以将你发明的各种电气新产品一一陈列出来。有这样的机会，谁不想大显身手呢？"

通用电气公司的首要任务也是要揽到首届世博会的电灯照明项目。通用电气公司认为这么大的电流，直流电是没有办法做到的，预算报价一百万美元。

而特斯拉的交流电从远距离把电力输送过来，就可以保障点亮二十万只灯泡，报价五十万美元。

最后，西屋公司以最低报价和远程交流电发动机输送电力的优势，一举中标。

西屋公司战胜了通用电气公司，赢得了用交流电提供世博会电灯照明的合同，为历史上第一次世博会安装所有动力和照明设备。西屋公司将在世博会上采用特斯拉的交流电系统。

作为报复，通用电气公司没有向西屋公司出售一只电灯泡。"西屋公司别想在博览会上用上一只爱迪生的灯泡。"

西屋公司不仅要考虑世博会新照明设备的设计，还不得不做出新的白炽灯。特斯拉为世博会设计出了一种新塞灯（Stopper Lamp）以避开爱迪生的专利。

特斯拉只能夜以继日地赶制灯泡，如期安装世博会所需要的二十万只灯泡。

西屋公司启用了十二台七十五吨的发动机为世博会提供能源，供电能力是整个芝加哥城电力总用量的三倍。

1893 年 5 月 1 日，十万名观众，涌进会场。夜幕降临，格罗弗·克利夫兰总统宣布世博会开幕，他按下黄金象牙的按钮，世博会二十万只灯泡亮如白昼，建筑物、喷泉、广场、威尼斯的运河、会场所在的整个城镇，都沉浸在闪闪发光中。

这是人类历史上从未出现过的景象！

《纽约时报》1893 年 5 月 1 日的报道："格罗弗·克利夫兰脸上带着平静而庄严的神色，声音清晰而宏亮，只用寥寥数语，就在人群前宣布了世博会开幕，并转动了用象牙和黄金制成的钥匙。"

特斯拉成了世界上最著名的人。他穿一身帅气的礼服，一双木制的鞋，浑身闪闪发光，在人群中走动，引起了极大的轰动。

他作报告的讲台，被充气灯管炫目的光芒照耀得闪闪发亮。他挑出一件精致的道具，说："这是一只抽掉空气的灯泡，它悬挂在一根金属丝上……只要我抓住它，装在灯泡里的一颗铂纽扣就会发出美丽的白炽光。不论我把管子放在什么位置，不管我把它举到空中什么地方，只要我够得着，它柔和、悦目的光亮就永远灿烂，经久不衰。"

"这是另一只灯泡，它接有一根导线，只要我伸手摸到它的金属插头，它就会散发出五彩缤纷的磷光。”

“还有，”特斯拉继续说道，“我站在这个平台上，中间有绝缘层隔开，但是只要我的身体接触到这个感应线圈次级回路的一个端头，你们就会看到，发生剧烈振荡回路远处的端头，会发射出一道道光芒。”

“接着我将这两块金属丝网接到线圈的端头上，放电的通道呈现出光流的形态。”

特斯拉双手接通电路，用身体做导线，全身闪出电火花，把自己变成了一个“熊熊燃烧的火人”。

他手中的管子开始发亮了。特斯拉采用“集肤效应”的原理，让电流穿过他的身体，点亮了电灯，他用这个实验，向人们证明交流电是安全的，是无害的。

《芝加哥时报》的一位记者记下了那个经典时刻：

“特斯拉先生在众目睽睽之下，双手接上电流，电压超过两万伏，振动频率每秒一百万次。他身上放射出一道道耀眼的光芒。这样惊心动魄的试验，没有人敢轻易上前效仿。

试验过后，特斯拉的身体和衣服还带着微弱的光芒，持续了一段时间，呈现出一个由四散的光线构成的光晕。”

特斯拉希望有朝一日给全身裹上一层柔和的火，但同时安全无恙。特斯拉称，有了这种电流，一个人在北极赤身露体也会感到温暖。

特斯拉手里擎着这个神奇美妙的创造物—— 一个白炽太

阳的工作模型，同时身上通过几十万伏高频电流。他自信，他用这种东西表演，得到的就是宇宙射线。他论证说，太阳就是一种白炽物体，它携带很高的电荷并发射出大量细微粒子，每个粒子都因具有极高速度而带有能量。但太阳并不封闭在玻璃里，它将光线向外射入空间。

特斯拉对疑惑不解的记者们说："当初始电源供给的功率数，与线圈这边的功率是一致的，电压达到很高的时候，电流就非常小，只有一两个毫安或者是微安。人体可以承受二十毫安的电流，因此我做的交流电实验是很安全的。"

芝加哥世博会在六个月的展览时间里，两千五百万美国人在这里看到了交流电带来的巨大震撼。

在展览中，特斯拉有一个独立的展台，展出了感应电机、旋转磁场模型、机械和电子振荡器以及充满稀薄气体的灯泡。

芝加哥世博会交流电的应用，预示着直流电和交流电的分水岭，交流电从此成为世界的主流电力使用的方式。交流电全面获胜，成为世界的奇迹。

有史以来，第一次灯火辉煌的世纪盛会，依靠特斯拉的发明而实现。从此，交流电取代了直流电。

这是西屋的胜利、交流电的胜利，更是特斯拉的胜利。

人类，步入了电力时代

1890 年，由尼亚加拉瀑布电力公司发起成立了“尼亚加拉瀑布国际委员会”，设立这个委员会，是为了寻求利用尼亚加拉大瀑布能量的办法。

委员会发出了招标，很快接受到了来自六个国家二十位投标人的十七个标书。这其中包括爱迪生的直流电标书和特斯拉的交流电标书。

威斯汀豪斯得知美国要开发尼亚加拉大瀑布的时候，告诉特斯拉，决心为公司赢得尼亚加拉瀑布的发电权。

小时候，特斯拉就想象着将来有一天能够利用自然界最伟大的奇观——尼亚加拉大瀑布发电。“人们幼年时期的活动，是由本能驱使的，充满了活力而又无拘无束。那些早期的冲动，尽管没有马上产生成效，却是最伟大的，甚至可能决定我们的命运。我眼中的影像经常伴有强烈的闪光，使我无法区分所看见的究竟是真实还是虚幻。我脑海中出现了一幅水轮被瀑布推动的画卷。”在他的脑海里诞生了一台被奔腾直下的水流推动的巨大水轮。那时他告诉他的叔叔佩塔说："有一天，我一定会去尼亚加拉建一个巨大水轮。"

特斯拉精心设计了史上第一个水力发电图——尼亚加拉大瀑布水电站发电图。

英国著名物理学家开尔文勋爵被任命为尼亚加拉国际委员会主席。开尔文勋爵宣称，他站在旧式的直流电一方。

开尔文勋爵给委员会的其他成员写信："请避免交流电在我们这里犯下史上最严重的错误。"

鉴于爱迪生和开尔文勋爵提出了交流电过于危险的吓人警告，尼亚加拉大瀑布委员会考虑将项目交给通用电气的直流电厂。

但是，开尔文勋爵又仔细研究了直流电。使用直流电，必须每隔一千米建一套发电机组。所以在建造尼亚加拉水电站时，如将电力以直流电方式传送，要输电至三十五公里以外的纽约州水牛城，是不可能的。

这一切，在开尔文勋爵 1893 年 5 月 1 日参加世博会，亲眼见证了交流电系统的精彩表演后，彻底改观了。

开尔文勋爵仔细看了特斯拉设计的史上第一个水力发电图——尼亚加拉大瀑布水电站发电图，向世界证明水力是一种可被利用的资源。开尔文勋爵明白，特斯拉的多相交流电系统没有替代方案。

1893 年 5 月 6 日，委员会决定采用特斯拉的多相交流电系统。对于特斯拉来说，这个决定虽然来得迟了一些，但也在预料之中。

1893年10月，委员会与西屋公司签订了合同，西屋公司获得了在尼亚加拉瀑布修建首批三台五千匹马力发电机组的建造权。这是当时规模最大的发电机组。

尼亚加拉水电站特斯拉发动机组

通用电气公司也抵挡不住特斯拉交流电的美好前程。为了生存，他们转了风向，提交了安装特斯拉多相发电系统的方案，最终委员会与通用电气公司达成了一项合作：通用电气公司获得修建从尼亚加拉大瀑布到布法罗的输电和配电线路的合同。

1895年，西屋公司运用特斯拉的设计，包括九项特斯拉专利、特斯拉所发明的交流电发电机、交流电输电和交流电变压技术，建成了尼亚加拉瀑布水电站——世界第一座大型水力发电站，将要发送一万五千马力的电力。

世界第一座水力发电站

1896年11月1日，世界上第一座十万匹马力的水力发电站建成，即将成为三十五公里外的纽约州水牛城的主要供电来源。

合上电闸之前，很多人依然认为，这是否会成功。

“所有的技术细节都已经清晰了，现在就只等合上电闸的那一刻了。”

特斯拉童年的幻想，在这一刻，就要成真了！

1896年11月16日，电闸启动，尼亚加拉大瀑布以山崩地裂之势，推动巨大的电站水轮机组，带动强力型五千匹大功率发电机。发电机的电流通过变压，升压至两万两千伏，通过高压线，实现远距离输送。

尼亚加拉大瀑布，开始向纽约州水牛城供电。

特斯拉利用尼亚加拉瀑布产生的电能电量，向世界证明，水力可以成为能源。人类，步入了真正的电力时代。

《纽约时报》的记者围住了特斯拉。面对记者无数的问题，特斯拉面带微笑，淡定地回答记者："想象一下我现在的感受，我看到了我童年的幻想在三十年后化为现实，我自己都对这种预见能力着迷了。"

记者说："人们都在谈论你有一种超能力。"

特斯拉笑笑说："人类是被一种力量驱赶着的物质，因此，在力学领域里主宰运动的一般法则，也适用于人类。"

记者问："请问你怎样设计得如此精确呢?

特斯拉说："我的设计方法与别人截然不同。我不会盲目地进入实践操作。当我产生一种想法时，我就立刻在脑中构图。我会在头脑中修改结构，改善设计，并操作起这套装置来。不管怎样，我想象中发生的情况和实际中发生的情况是一样的，最后的结果都一模一样。通过这种设计方法，我能快速地将想法付诸实践并加以完善，而不必接触任何实际事物。直到我再也找不出缺点，将所能想到的一切都合理地改进完成后，我才会把形成于脑海中的作品制作出来。"

记者问："人们都在说，特斯拉最强大的地方就在于他的视觉想象力。"

特斯拉依旧微笑着说："我设计出的所有设备，实际运行情况与我想象中的都毫无差别，实验结果也与我的设计计划正好符合，无一例外。怎么可能会有其他情况出现呢？工程、电气和机械，所有实验结果都符合我的设计计划。我认为，从具有可行性的理论一直到实际数据，没有什么东西是不能在脑海中预先测试的。从具有可行性的理论到实际数据，人们将每一个原始的想法付诸实践的过程，完全是对精力、金钱和时间的浪费。”

记者说：“人们都以敬佩的心情谈论尼亚加拉瀑布的开发利用，认为这是真正的世界奇迹之一。”

特斯拉自信地说：“人类最重要的进步，依赖于科技发明，而发明创新的终极目的，是完成对物质世界的掌控，驾驭自然的力量，使之符合人类的需求。”

来自《尼亚加拉日报》的报道说：“从今晨开始，这个城市里所有的轨道电车都将由大瀑布的能量驱动，从今往后，大瀑布必须以劳作来养活自己啦。”

至今，这项超过一百年的电力设施仍然运作如常，从未间断地输送天然能源，可谓是人类近百年科学史上的一大奇迹。

很快，又出现了另外一个历史机遇。交流电输送到了一家最早和最重要的用户——匹兹堡还原公司。这家公司后来改为美国铝业公司。新兴的冶金工业一直期待着只有交流电才能提供的高电压。

不出特斯拉所料，铝的工业化生产很快就推动了飞机制造业的发展，并由此带来了炼钢、化工、装备制造等行业的兴起。

特斯拉的高频交流电，直接拉开了第二次工业革命的序幕。

在尼亚加拉大瀑布靠近加拿大一边的公羊岛上，矗立着特斯拉铜像，以纪念他在驾驭尼亚加拉大瀑布时所作出的巨大贡献。

1976 年，前南斯拉夫政府向纽约市政府赠送了一尊特斯拉铜像，耸立在尼亚加拉大瀑布美国一侧的纪念公园内。

尼亚加拉大瀑布前特斯拉铜像

高贵的灵魂

通用电气公司输掉了世博会，输掉了尼亚加拉瀑布的发电权，这些对他们的打击是巨大的，他们咽不下这口气，瞄准了特斯拉的专利。

J.P. 摩根的助理查尔斯·柯菲恩一眼看出，西屋公司之所以所向披靡，是因为独家拥有特斯拉的专利。

摩根决定，让柯菲恩出手。柯菲恩选择西屋公司最脆弱的“软肋”——金融市场下手。

托马斯·劳森在《狂乱的金融》一书里写道：“在华尔街、斯达特和百老汇，从所有股票市场的地窖和耗子洞里，纷纷爬出来各种弯弯曲曲、浑身沾满粘泥的毒蛇。乔治·威斯汀豪斯的各家公司垮台了……除非和通用电气公司合并，否则性命难保。”

西屋公司的股票，一落千丈。

1897 年，西屋公司股票崩盘。西屋公司命悬一线，当务之急是必须想法实行合并。威斯汀豪斯请来金融顾问劳森，华尔街股票市场行情专家。劳森安排他与一些小公司合并，包括美国电气公司和联合电灯公司。新成立的公司命名“西屋电气制造公司”。

一切看来顺利，可有一个问题摆在面前：按照威斯汀豪斯的慷慨安排，特斯拉的专利权税不计其数。合同签订过后仅仅四年，自然增长的税金可能已接近一千二百万美元。应用领域不断扩大，而电站、电机以及交流电系统的专利每获得一种新用途，都要征收使用税。

投资银行家说;“威斯汀豪斯，取消这项专利权税合同吧！ 否则，新公司的稳定性就要受到威胁。”这是威斯汀豪斯所不愿意看到的，他自己就是发明家，而且他是主张专利税的。

他解释说，专利税是用户付给的，已经包括在生产成本之中了。

银行家无法说服威斯汀豪斯，与威斯汀豪斯分道扬镳。

威斯汀豪斯不得不到纽约去找特斯拉。

威斯汀豪斯把特斯拉请到自己在长岛的游船上。拿出当时签订的合同，合同上写着：付给特斯拉一百万美元，外加专利使用费以换取他的全部交流电专利。每销售一匹电力，特斯拉获得二点五美元。

威斯汀豪斯痛苦和矛盾的心情，是他终生少有的。他对特斯拉讲了公司岌岌可危的状况，为了挽救公司，请求特斯拉放弃专利。如果特斯拉不放弃专利，投资银行就不会投资，公司就会破产。

威斯汀豪斯用祈求的目光看着特斯拉，说：“你的决定决定着西屋公司的命运。”如果特斯拉坚持专利税，西屋公司就垮了。

特斯拉将全部身心投入到新的研究领域里；金钱对他并不重要，他看重的是交流电的未来，看重的是人类的未来，看重的是威斯汀豪斯的知遇之恩。

特斯拉平静地说，“我可以放弃交流电合同，条件是：交流电的专利将永久公开。从此交流电再没有专利，成为一项免费的发明。”

威斯汀豪斯被特斯拉深深地感动了。

特斯拉问：“如果我放弃合同，你能保全公司，能继续有控制权吗？你会实行既定计划，将交流电系统贡献给世界吗？”

威斯汀豪斯一生阅人无数，在金钱面前，最能看清一个人的人格。像特斯拉这样无视金钱的人，在世上实在太少了。

“我相信你的交流电系统是电气领域最伟大的发明，”威斯汀豪斯说，“正是因为我要竭力把它奉献给世界，才陷入了目前的困境。但不管发生什么情况，我一定按照原计划继续走下去，要让全国都使用交流电。”

特斯拉说，“威斯汀豪斯先生，你是我最好的朋友。别人对我失去信心时，你依然信赖我；别人缺乏勇气时，你充满胆识，义无反顾；我看到的伟大事物，连你手下的工程师都视而不见，而你却支持我；你一直作为一位朋友和我站在一起……你可以保全公司，这样你就能够推广应用我的发明了。这是你的合同，这是我的合同，我把它们撕碎，你再也不用为我的专利税操心了。放心了吧？”

特斯拉拿起交流电的双方合同，撕碎了。他撕掉的不仅仅是已经挣到的千万美元专利税，而且撕掉了将来可以得到的亿万财富。

特斯拉的慷慨，让威斯汀豪斯感动地落泪了。

特斯拉宽慰威斯汀豪斯：“我和西屋公司的合作不再是最重要的事情，我现在在格兰街的一家实验室里开展我的研究，现在我对高频变电的设备，非常感兴趣……。”

特斯拉的交流电，掀起了第二次工业革命浪潮。特斯拉仅此一项专利，就可以富可敌国。可他放弃了发明专利。交流电再没有专利，而是成为一项免费的发明。交流电惠及全人类，这在任何时代，都是一种空前绝后的慷慨。

特斯拉更关心的是人类的发展，他反复说：“人类最重要的进步，仰赖于科技发明，而发明创新的终极目的，是完成对物质世界的掌控，驾驭自然的力量，使之符合人类的需求。”

威斯汀豪斯回到匹兹堡和投资银行家见面，告诉他们特斯拉已经撕掉了专利税合同，投资银行家很满意，立即开始为西屋公司筹集资金。

投资银行总裁拿起电话，通知柯菲恩，特斯拉已经撕毁了交流电专利合同，从此，摩根家族也可以自由使用特斯拉的交流电专利了。

威斯汀豪斯的公司渡过了难关，而且信守对特斯拉的诺言，把交流电推广到了全国。

有人统计，如果特斯拉没有撕毁合同，交流电专利会为他带来不少于三千万美元的收入。

有人问他为什么这样做。

特斯拉说："我很感激在没有人相信我的时候，西屋公司对我这么信任。"

数年之后，特斯拉在给这位工业家的一封正式感谢信中写道："在我看来，地球上唯有乔治·威斯汀豪斯能在当时的环境下采纳我的交流电系统，并战胜了偏见和金钱势力。他是一名出类拔萃的先锋，是世界上真正高贵的人物之一。美国为有他而骄傲，全人类都应对他感激不尽。"

第五章　人工闪电

马克·吐温亲身体验

特斯拉对威斯汀豪斯说，“我和西屋公司的合作不再是最重要的事情，我现在在格兰街的一家实验室里开展我的研究，现在我对高频变电的设备，非常感兴趣……。”

的确，特斯拉的研究，已经远远走过交流电，早已进入高频变电研究。

1890 年 11 月，特斯拉在格兰街实验室第一次利用一只线圈制造了 5 厘米长的放电火花，制造出了振荡变压器，也被称之为特斯拉线圈。特斯拉用它制造出了最著名的人造闪电，因此特斯拉被称为“闪电大师”。

特斯拉线圈集中展示出特斯拉在电磁学方面的深厚功力，在当时全世界对交流电还处于懵懂状态的时候，他已经把电流与电压应用到游刃有余的程度。

马克·吐温听到特斯拉的新发明，来到他的实验室。

特斯拉在罗伯特·约翰逊家里遇到了美国著名的幽默大师、小说家马克·吐温。他对马克·吐温讲起自己的一段往事。他在戈斯皮奇读高中的时候，患了重病，医生已经对他放弃治疗了，他每天读德语翻译的马克·吐温小说，渐渐地，他痊愈了。马克·吐温听了，热泪盈眶。

他们成了好友，马克·吐温经常来特斯拉的实验室看望他。

马克·吐温看着实验室里有几个立柱型用铜线缠绕的新装置，问特斯拉："这是什么？"

特斯拉头也没抬地回答说："那是我研究的一个新发明，暂且把它称为特斯拉线圈吧。"

马克·吐温怔怔地望着特斯拉说："这个做什么用？"

特斯拉走了过来，指着特斯拉线圈说："我准备用它来制造出人工闪电。"

马克·吐温不解地看着特斯拉。

特斯拉在凌乱的桌面上腾出一个空间，拿出一张纸和一支笔画了一张简单的草图解释给马克·吐温听："特斯拉线圈实际上是一对变压器线圈，或者说是一个谐振变压器。特斯拉线圈能够产生高达上百万伏的电压，这比我们日常生活和工作中所遇到的高得多。它通入低交流电，连接一个电容器，形成一个初级线圈。电容器再连接两个金属球，加上一个绕起来的导线，产生电感，这是第一级的初级线圈。第二级线圈称为次级线圈，也是一个感应线圈，比初级电感要大，上端可以添加金属针或者是金属球，这样的装置就能够与大地构成一个等效电路。特斯拉线圈实际上就是两个等效电容的回路。"

马克·吐温似懂非懂地点点头，然后用求助的眼光望着特斯拉。

特斯拉接着说："从原理上来讲，特斯拉线圈的电容能量是依照初级电源所给的负荷来设计它最后能够产生的放电效果。电源给初级线圈的电容器充电，使初级线圈上的电压变大，这样就击穿连接电容器与初级线圈上的金属球，造成初级线圈短路，电流就只能在初级电路中流动。

"初级线圈和电容器形成了振荡电路，这如同荡秋千。当秋千荡起来之后，能量在重力势能和动能之间来回转化。一个坐在秋千上的人可以重达九十千克，而一个推动秋千的瘦弱的男孩的体重只有二十千克，男孩仅用零点五千克的推力。假如男孩准确地计算推动秋千的时间，将时间定在恰巧秋千飞离男孩的时刻，并且男孩保持零点五千克的推力，最后，男孩不得不住手，否则秋千上的人会被推到九霄云外去的。电路设计的能量在电场和磁场之间来回转化，有时电压特别高，有时电流特别大，电压最高时电流为0A（安），电流最大时电压为0V（伏），这样反复地来回转化，就形成了振荡电路。

"当初级和次级两个线圈的振荡频率相等时，就会发生电谐振。电谐振是能量转化效率最高时的表现。初级线圈能量通过互感，转移到次级线圈的能量上，次级线圈会储存一部分能量。由于次级线圈的电压比初级线圈的电压高很多，就要放电，人造闪电也就由此产生。"

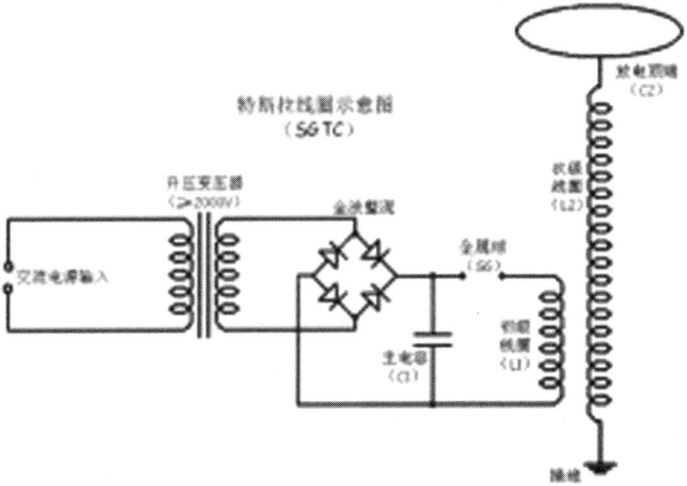

特斯拉线圈原理图

马克·吐温是否真的明白了，不得而知，他对特斯拉说：“如果能够造出人造闪电，那你就是世界上最伟大的电气大师了。”

马克·吐温看着特斯拉制作的新装置，想亲自来体验一下。

特斯拉告诉马克·吐温不要玩太久，马克·吐温站在平台上，平台在振荡器的作用下发生振动，他对这种新体验兴奋不已，赞美之声脱口而出：“它会使你充满活力，朝气蓬勃。”

特斯拉告诉他不要在平台上停留太久：“克莱门斯，你在上面有一会儿了，现在下来吧。”

马克·吐温回答说：“我又不是一位胖女人。我很享受。”

特斯拉坚持说：“克莱门斯，你最好下来。你最好听我的。”

马克·吐温笑着说：“你不能用起重机把我拉下来吧？”

马克·吐温继续沉醉在这个小仪器的兴趣中，“我现在十分享受，我要继续待在这上面。特斯拉，看看这儿，你不知道你制造的这个设备多奇妙，能使疲惫的人精神抖擞……”

马克·吐温又在平台上待了几分钟。突然，他停止说话，紧咬下唇，站立身体，迅速而僵硬地从平台上走下来。

“特斯拉，快，洗手间在哪儿？”马克·吐温高喊了一声“妈呀！”拎着衣服冲进了拐角处的房间。

看着马克·吐温远去的身影，特斯拉说道：“克莱门斯，我早叫你下来的，你就是不听。”

从此，振荡器有通便作用在实验室成员们之间成为笑谈。

闪电，巨大能量的扳机

自从 1890 年 11 月，特斯拉在格兰街实验室第一次利用一只线圈制造了 5 厘米长的放电火花以来，“放大微弱的力量”这一课题就令他着迷。

实验室安装了高功能线圈以后，他就意识到，广播通信是在全球范围和星际之间大有发展前途的一个领域。他相信，尽管无线电与无线输电是不同的，但这两类问题相差不远，完全可以一举解决。

渐渐地，他的研究，遇到了瓶颈。

一年多时间，他坚持不懈地工作，但毫无结果。这项艰深的研究工作使他废寝忘食，别的事情他都记不住了，就连日益变坏的身体也置之度外。

最后他完全支持不住了，当濒临崩溃时，他的身体出于自我保护进入了睡眠状态。

特斯拉像“吃了麻醉药”似的沉沉入睡。当他神志清醒过来时，猛然发现他把过去的事情忘得一干二净，只能记起自

特斯拉在实验室工作

己刚懂事那会儿的事情了。

特斯拉一向不爱找大夫，他打算自己治疗。每天夜里，他都聚精会神地回忆自己童年时代的事，慢慢越来越多地想起了自己一生的经历。

这些记忆清晰得惊人，并且给他安慰。夜复一夜，在他入睡前，过去的景象便越来越多地浮现在眼前。母亲的形象一直是他眼前景象的主要人物，她逐渐变得清晰。

一个深夜，他梦见自己身在巴黎和平酒店。在酒店大厅，有人递给他一封急信，他从信上得知了母亲病危的消息，在哽咽中醒来。第二天，从戈斯比奇家乡一连寄来几封信，母亲的身体确实不行了。

他接受了伦敦和巴黎来的邀请函，并计划随后直接回家。

1892 年 4 月，特斯拉刚在巴黎作完一场报告，精疲力竭。这时信差送来一封他母亲病危的电报。他匆忙赶到车站，挤上一列开往克罗地亚的火车。下了火车又换马车，及时赶到家里，陪他母亲度过最后几个小时。

母亲还在昏迷中，他已经很久没有见到母亲了，他紧紧握着母亲的手，担心再也听不见母亲的声音。可母亲突然睁开了眼睛，对他说："你终于来了，尼古拉，我的骄傲。"母亲又昏过去了。

因为过度悲痛和长期失眠的折磨，特斯拉彻底垮掉了。他被送进离家两个街区远的一幢房屋里休息。

他昏昏沉沉地睡去。

他在似梦非梦之中，看见了强烈而清晰的幻象。

"我看见一片云彩，上面坐着一群美丽动人的天使，其中一个亲切地望着我，渐渐地露出了我母亲的容貌。这景象缓慢地飘浮着，然后穿过房间并渐渐消失了，接着传来美妙动听的歌曲，我被惊醒了。就在那一瞬间，一股无法用语言表述的感觉贯穿我全身，我强烈地意识到，这是母亲去世了！后来证实居然是真的！"

特斯拉相信，这是因为在那一刻，他和母亲之间的脑谐波达到了共振。他不知道的是，他的这种认识和体验，即将引领他走向一项革命性的发明。

母亲去世后，特斯拉病了几个星期。他在母亲的出生地查茨和戈斯皮奇休养了两三个星期。在能下地走动后，他就开始在故乡的崇山峻岭中漫游。

一天，他正在山间散步，即将来临的暴风雨使他不得不赶快寻找一个避雨之处。天空乌云密布，不知为什么，雨水迟迟也没有降下。突然，一道闪电划破了天空，顷刻间，瓢泼大雨落了下来。眼前的景象令他陷入了沉思。无疑，闪电和瓢泼大雨这两种现象是密切相关的，更准确地说是因果关系。经过片刻的沉思，他得出的结论是，降水过程中蕴含的巨大电能是人们无法想象的，而闪电的作用就像是一个释放这种巨大能量的扳机。

“这一发现可能造就一项惊人的发明。如果我们能产生特定质量的电能效应，那整个星球以及所有生物的生存条件都会发生翻天覆地的变化。海水受热蒸腾，水蒸气又在风力的作用下到达遥远的地方，并在那里保持着一种最微妙的平衡。如果我们有能力干涉这种平衡，在任何需要的时候和地方，我们就能随意控制这种强大的生命延续所需的能量。我们可以灌溉贫瘠的沙漠，可以人造湖泊和河流，无限量提供动力。对人类来说，这将是利用太阳能最有效的方式。

这一构想成功与否取决于我们是否有能力开发出和自然一样强大的电力。这似乎是一个无望之举，但我下定决心试一试。”

这次崇山峻岭间的“闪电之行”，启发了特斯拉在电磁场领域的一场革命，是无线通信、无线电传输的起源。

与众不同的脑袋

1892 年 6 月，特斯拉从戈斯比奇家乡来到伦敦，在英国电气电子工程师学会发表了演讲。

他详细阐释了特斯拉线圈，电磁振动领域的革命性发现，其重要意义堪比火药对于战争的划时代价值。特斯拉线圈利用这一装置产生的电流是普通技术手段产生电流的很多倍，并产生了约三十多米高的火花现象和高达数百万伏的电压。

特斯拉线圈的特点是高频高压，更重要的是，它会产生无线电信号。

不仅如此，特斯拉线圈，大功率高频传输线共振变压器，可用于无线输电试验。特斯拉利用这些线圈进行实验，如电气照明，荧光光谱，X 射线，高频率的交流电流现象，电疗和无线电能传输、发射、接收无线电电信号。

演讲结束后，他本打算马上前往巴黎进行另一场演讲，但是英国皇家学会会长詹姆士·杜瓦爵士坚持要他到皇家学会做报告。

杜瓦爵士，剑桥大学教授，苏格兰物理学家、化学家，一生多次获得诺贝尔奖提名。他设计了杜瓦瓶，成功液化了氧气、氢气等多种气体，为低温物理的研究提供了条件。十九世纪九十年代初期，他奉命组建了皇家学会戴维－法拉第实验室。

杜瓦爵士将特斯拉推坐到一张椅子上，给他倒了半杯奇妙的、闪着五彩光芒的棕色饮料，味道如玉露琼浆般鲜美。

杜瓦爵士说："你正坐在法拉第坐过的椅子上，享用着他爱喝的酒。世界上再没有第二个人能配得上这种荣誉。"

法拉第发明了世界上第一个发电机，被称为"电学之父"。杜瓦爵士称特斯拉为当代法拉第，只有他配得上法拉第坐过的椅子和爱喝的酒。

特斯拉被这位伟大的苏格兰人说服了。第二天，特斯拉来到大不列颠皇家学院，当他走向主席台时，欧洲科学界的精英们，起立鼓掌，掌声持续了数分钟。

特斯拉做了题为《极高频率交流电实验及其在人造无线发光中的应用》的报告，首次将他的高频电流实验展示在世人面前。

在高频变电领域的探索中，特斯拉做出了世界上最早的霓虹灯，拍摄了世界上第一张 X 光照片，但这一切和他 1892 年的突破相比，都相形失色：那一次，他没借助任何导线，让一只灯泡点亮了！

特斯拉展示了经由"特斯拉线圈"输出的"上千伏电流"

流经自己的身体，而使一只“无线灯泡”发亮。

电光闪耀的时刻，就像是一场魔术表演。欧洲的科学家和工程师们顿时惊呆了！

特斯拉笑笑：“我想，我已经找到了无线传输电能的方法。”

特斯拉宣布他未来的工作将用于理解自然环境的能量潜力：“我们在一起，以惊人的速度奔向巨大的空间，我们周围的一切都在旋转、移动，我们被能量所包围。必须有一些更直接的方法来解决这种能量。随着来自环境的光线，以及从那里吸取的能量，以及来自无限和无穷无尽的源头带来许多形式的能量，人类将以巨大的步伐前进。”

特斯拉做出了一个惊人的预言：“我有一个考虑了很长时间的点子，一个会造福全人类的点子。它将传递能量而不需借助任何导线。我越来越相信，这项技术有转化为实用的可能。”

这是特斯拉人生中最重要的一项研究的开始——无线电。当特斯拉走下主席台，雷利勋爵掩饰不住激动的心情，走上前，握住特斯拉的手，说：“你拥有一颗不同寻常的脑袋呵！”

雷利勋爵，本名约翰·威廉·斯特拉特，是当时英国最著名的物理学家，剑桥大学物理学教授，兼任英国伦敦皇家学院教授。1904 年，他获得诺贝尔物理学奖，他把奖金全部捐给了剑桥大学。

特斯拉很敬重雷利勋爵，雷利勋爵的赞美让特斯拉感动，“我从来没有意识到自己具有任何独有的发明天赋，一直被我视作杰出科学家的雷利勋爵却如此称赞我。如果真如他所说，我应该把精力投注在一些重大的项目上。”

雷利勋爵不肯松开特斯拉的手，除非他答应不再回美国，留在英国。

雷利勋爵说：“你在美国受到的待遇，是不公平的，我担保英国会补偿你。剑桥大学教授、英国伦敦皇家学院教授，随便你选。英国科学促进会理事、英国皇家学会理事，我说了算。”

雷利勋爵在自己的城堡，为特斯拉举行盛大晚宴，请来了英国所有著名的科学家。

晚宴上，这些英国最伟大的科学家和创造了不朽成就的学科领袖们，都赞美特斯拉“拥有一颗与众不同的脑袋”。

雷利勋爵举着酒杯，对特斯拉说：“一个世纪才会出现一个像你这样的人。你是上帝派来的信使。”

雷利勋爵的肯定让特斯拉终生难忘。“从那时起，我就不顾一切地投入了研究工作，试图破解更为复杂的问题。”

1892 年 8 月 31 日，《电气工程师》杂志报道：“卓越的电学家尼古拉·特斯拉先生乘坐‘奥古斯塔·维多利亚’号轮船从汉堡返抵纽约。他受到欧洲电学界的隆重接待，这同他的探索和研究工作一并载入了电学史册。他赢得如此荣光，使得美国人感到十分骄傲，因为他选择了美国作为他的家园。”

第一台无线电发射机

故乡之行，特斯拉发现了闪电就像是一个释放巨大能量的扳机。这一发现可能造就一项惊人的发明，这促使他立即登上返回美国的维多利亚号客轮。

1892 年秋，从欧洲回到美国，他一头扎进实验室。如果成功的话，他就可以利用它实现无线能量传输。

“这件事使我十分向往，因为要想成功地进行电力无线输送，就必须找到办法。”

他跟随自己神秘的直觉，发现特斯拉线圈若被调到相同频率产生共振，就可以传播并接收强力的无线电信号。

调谐是一切无线电和远程输电的关键：“在我的实验室中，我可以把一个感应圈拿在手里，与我的身体调谐之后，能采集到零点七五马力，在屋子的任何位置，不需要任何有形连接，我在手中能够操纵一台发电机运转，或者点亮六到八个灯泡。这个就是无线电力传输。”

1893 年春天，特斯拉在实验室用锥形线圈造出了一百万伏的电压，这被世人视为一大壮举。

“特斯拉线圈的特点是，高频高压，更重要的是，它会产生无线电信号。”

他设计了调谐电路，发明了无线气体放电灯，并无线发射了电能，制造了第一台无线电发射机。

1893 年 7 月，特斯拉给专利局送去了一台高频振荡器——无线电发射机，申请了“共振传送器的振荡器”的专利。8 月，特斯拉获得了高频振荡器——无线电发射机专利。

无线电时代，揭开了序幕。

1893 年夏天，特斯拉在密苏里州的圣路易斯全国电灯联合会做报告，展示了世上第一台高频振荡器——无线电发射机，包含无线电系统的所有基本要素。报告中，他描述并演示了无线电通信的基本原理。

一周后，他在宾夕法尼亚州费城的富兰克林学院全国电灯联合会发表演讲，详细阐述无线电发送和接收方面的六项基本要求。

1893 年秋天，特斯拉成功进行了短波无线通信试验。这是历史上首次成功发射接收短波无线通信。

但是，后人都以为是马可尼在 1895 年取得了这一功绩。

1893 年深秋，特斯拉在圣路易斯全国电灯联合会高压高频报告会上，再次展示了无线电发射机。

讲台上使用了两组设备。讲台的一边为一组发射机设备，其中有一台五千伏安高压杆装充油式配电变压器，与莱顿瓶的电容器组相接；还有一个火花隙、一个线圈以及一根通向天棚的导线。讲台的另一边为接收机组，其中有一根从天棚上挂下来的同样的导线，有相同的莱顿电瓶电容器列以及一个线圈，但是没有火花隙，却代之以盖斯勒管。通电的时候，盖斯勒管就像一只现代荧光灯那样被点亮。在发送机和接收机之间，没有相互连接的导线。

发送机组里的变压器，由一根专门的电力线通过一个外露的双片闸刀开关供电。

当开关合上时，变压器发出呼噜呼噜声，莱顿瓶放射出电晕，在电瓶的箔片边缘周围发出嗞嗞声。火花隙噼噼啪啪地爆发出火花放电，同时有一个看不见的电磁场通过变压器的天线向空间发射出能量。

与此同时，接收机组中的盖斯勒管，因受到接收机天线接收的射频激发而点亮。

于是，无线电诞生了。

一个无线电信息由五千瓦火花式发射机发射出来，立刻又被九米之外的盖斯勒管接收机所接收……

发明、操作并讲解这次试验表演的天才，就是尼古拉·特斯拉。

记者问他，商业无线电何时成为现实。

他回答道：“自科学界开始研究非物质现象的那一天起，十年内所取得的进展，将会超越人类此前几个世纪所取得的所有成果。”

第六章　凤凰涅槃

一个世纪的悬案

1893—1894 年，特斯拉作了一系列报告，详细阐述了无线电发送和接收方面的六项基本要求。他制造了无线电发射机，打算用这台设备在实验室与纽约市各个不同地点进行联络。

特斯拉将在 1895 年 3 月 15 日，向距离纽约五十千米处的西点军校（West Point）传输无线电信号。

就在他准备向西点军校传输无线电信号前四十八小时，一场横祸突然降临。

1895 年 3 月 13 日早晨，第五大道南 35 号的建筑物——特斯拉实验室突然失火。他辛辛苦苦研究出来的一切，从六层楼一直塌落到一层，只剩下一堆烟气腾腾的废铁。

火灾把一切都烧毁了。特斯拉的研究被付之一炬。

只有特斯拉最亲密的助手安东尼·西格提最清楚特斯拉在无线电、无线输电、远距离操纵运载工具等方面从事的先进研究项目之多，而这些全部都不复存在了。在全世界还不知道X射线的时候，特斯拉已经取得了对X射线研究的实质性进展。

黎明时分，寒气袭人，特斯拉茫然、颓丧地离开了这片废墟，神情恍惚地徘徊在街头，既不知到了什么地方，也不知过了多少时辰。他失魂落魄地回到酒店的房间，躺倒在床上，两天两夜也没起来——“我崩溃了！还能说什么，毕生的成果，瞬间灰飞烟灭。我所有的机械、计划、著作都被完全摧毁了。我绝望了！”

纽约《太阳报》查尔斯· A.丹纳给予特斯拉最高的赞誉：“尼古拉·特斯拉的实验室和不可思议的成果被毁于一旦，这不只是一场个人灾难，更是整个世界的不幸。毫不夸张地说，在这个时代比这位年轻绅士对人类发展更为重要的人物，屈指可数。”

警察局对这场火灾展开了调查。火焰是从一楼靠近破布堆的地方开始的。问题就在于这些破布堆，特斯拉是不允许任何易燃物放在任何角落的。并且，破布堆必须有人点燃，浇上致命的燃烧物，这样大火才会从一楼向整座大楼迅速蔓延开来。

警察局判定，这是人为纵火。选择在特斯拉准备传输无线电信号前四十八小时纵火，谁会是这场大火的获利者呢？

警察局深入调查，失火前，几个邻居看到形迹可疑的人在大楼附近走动。就在警察局准备立案时，局长接到了摩根得意门生柯菲恩的电话，请局长面谈。这场面谈，内容无人得知。只知道，局长当即下令撤销调查，把人为纵火的所有证据全部销毁。这场火灾，后被定性为“自然失火”。

这场火灾，成了世纪悬案。

在特斯拉准备传输无线电信号前四十八小时纵火，谁会是这场大火的获利者呢？

自从 1893 年夏天特斯拉在圣路易斯全国电灯联合会做报告，展示了世上第一台高频振荡器——无线电发射机，并在宾夕法尼亚州费城的富兰克林学院全国电灯联合会详细阐述无线电发送和接收方面的六项基本要求，爱迪生立即组织他的助手们，按照特斯拉所阐述的无线电程序，研究发射接收技术。爱迪生命令助手们，无论如何要抢在特斯拉之前发射成功。

爱迪生派人时刻注视着特斯拉的发射计划，当得到确凿消息，特斯拉将在 3 月 15 日向距离纽约五十千米处的西点军校传输无线电信号时，3 月 13 日，特斯拉实验室，被一把火烧成灰烬。

精神导师辨喜

在遭受实验室火灾的打击之后，特斯拉感觉自己被碾成齑粉，“我是如此的忧郁，如此的无助，如此的孤独，如此的灰心丧气，以至于我觉得自己根本恢复不过来了。”

就在他万念俱灰的时候，马克·吐温带着特斯拉来拜访印度哲学家辨喜。

辨喜，法名斯瓦米·维韦卡南达（Swami Vivekananda），辨喜是他的法名的意译。

辨喜是首位在西方讲授瑜伽和冥想、让全世界驻足聆听的灵性导师。

印度诗人泰戈尔说：“辨喜的福音标志着人类在某种方面的觉醒……如果你想了解印度，那就研究辨喜。”

法国作家罗曼·罗兰说：“辨喜的话语是伟大的音乐，语言气势近似贝多芬的音乐风格，激越的韵律又像亨德尔的进行曲。三十年来，每当我接触到他的这些话语时，身心就像触电了那样的震颤。”

1893年9月11日上午10点，世界宗教会议上，辨喜最后一位发言，他在演讲开头说道："美国的兄弟姐妹们。"现场数千听众，报以长达两分钟的鼓掌和欢呼。

当时波士顿的一家报纸说道："人们见到了一个最吸人眼球的人——辨喜——他用一口流利的英语，回答所有人的提问——他在会议上的演说如同我们头上的天空一样宽广。"

辨喜的演讲以其开阔的心胸和精神信仰打动了与会代表，他成了宗教会议上最受欢迎的人。

随后，辨喜在美国做了"人类宗教"等演讲，受到了美国舆论界和学术界的高度关注。他会见虔信者，也和其他各种各样的人打交道。他总是留给人非常深刻的印象。

1899年，他在美国成立纽约吠檀多协会，目前仍然是一个充满活力的组织，致力于瑜珈修行的四个方面：奉献、服务、知识和冥想。辨喜是第一个把古代圣人的灵性洞见放入现代思想的语言逻辑框架中的人。在这个过程中，他对科学和宗教，至少是对科学和吠檀多进行了调和。辨喜将人重新定义为"潜在的神性"，从而消除了人神间的隔阂。辨喜反对各种形式的消极想法，消极思想常常以沮丧、自杀等形式显示出来。他倡导一种积极的生活观，强调力量是首要的德行。

每次马克·吐温与特斯拉来拜访辨喜，刚走进大门，辨喜一听见马克·吐温的笑声，就从自己的房间走了出来，对马克·吐温和特斯拉双手合十，施见面礼。

辨喜在印度就听说过天才特斯拉。他也已经听说了，年初，特斯拉的实验室付之一炬，他看出了特斯拉心如死灰。

辨喜泡上喜马拉雅山麓的红茶，请两位朋友饮茶，辨喜为心在低谷的特斯拉讲起吠檀多的思想。

吠檀多哲学精髓，正是特斯拉从少年时就思索的宇宙观：宇宙精神，个体灵魂，是一体。

辨喜说，“宇宙中所有的力量都已经是我们的了。是我们把手放在眼前，哭着说天黑了。”

特斯拉感觉自己大脑中长期潜伏的宇宙观，被唤醒了！

特斯拉只用了半年时间，就对吠陀哲学全然理解。他感悟到，只有与自然和谐相处，科学才能发挥最佳效果。“自由能源”，它是存在于我们周围的物质，将其转化为可用的能量。这将给我们提供无限的能源，实际上将消除地球上的所有贫穷。

“所有可感知的物质，充满了所有的空间，即阿卡莎或发光的以太，它是由生命产生的能量或创造的力量所作用，它以永无止境的周期召唤着万物和现象的存在。”

宇宙中的一切都是由能量组成的。物理原子实际上是由不断旋转和振动的能量旋涡所组成的。在它最小的可见水平上，物质就是能量，而存在于我们周围的这种能量可以被利用并可能被用来产生能量。

特斯拉在和辨喜见面后开始使用梵语，在研究了东方人对真实本质的看法之后，开始研究驱动物质世界的宇宙奥秘。

后来特斯拉表述物质及能量的各种“本质”问题时，采用了梵文去命名，以表达对东方古文明智者们的无限感念与敬佩。

特斯拉研究 X 光及辐射线对人体健康的影响纪录长达七年，且是以自己的身体去实验，他同时也是人类史上第一位真正意识到辐射危险性的智者。从 1887 年到 1894 年，他陆续进行危险性的人体实验并记录，不幸的是在 1895 年春天的大火，他多年的研究，也就是 X 光对生物的伤害、辐射及等离子之类的研究报告，而且几乎已经快要公开发表，结果庞大的资料却全部被烧毁，从而也导致后来的伦琴及居里夫人以身体去实验，受到极大的伤害。到了 1897 年的时候，他的体重只剩下四十公斤，全身是病。于此期，他经常昏倒，几乎离死神已经不远，从而才开始练习辨喜传授给他的冥想静修，很快地便让身体如奇迹般地转佳。

一个人能够从疾病中康复，除了依靠医生的治疗和药物，更需要人体本能的自然治愈能力。科学研究指出：人体自然治愈力在某些特殊（信仰、修炼）情况下，可以得到超强发挥，疾病患者以无法解释的速度康复。这就说明了生命机体有难以想象的自我痊愈机能。

别人问特斯拉是怎么修炼的，特斯拉说：“我只是一位平凡人，我也没有特殊能力。在宇宙中的任何一小部分都包含着整个宇宙的所有信息，在其中藏着某个神秘的资料库又保存着宇宙的总体信息，我只是很幸运地可以进入这个资料库去获取信息而已。”特斯拉认为粒子的生命比人类复杂百万倍，他也因此经常在实验室与粒子、引力对话，这种现象也深深地吸引着辨喜及跟随去美国布教的一些印度大师，惊呼特拉斯的境界已经达到了不可思议的“梵我合一”。之后，辨喜便经常去实验室找特斯拉，向他请教宇宙学方面的“本质”问题。在其中，特斯拉对印度的吠陀哲学进行了研究，也因此在后来对于物质及能量的各种“本质”有了更深的认识。

特斯拉与辨喜在一起

1896 年，辨喜访问了特斯拉重建的实验室，在给印度朋友阿拉辛的信中，辨喜兴高采烈地描述了与特斯拉的会面：

“特斯拉不同于其他西方人。他向我展示了他的电学实验。他对待电就像是对一个有生命的生物一样。他和它交谈，命令它。毫无疑问，他具有最高水平的灵性，能召唤来我们的神。在他多彩的电光里，我看到了我们所有的神：毗瑟挐（印度教主神之一，守护之神）、湿婆神（印度教的主神之一，作为世界的毁灭者和重建者而被崇拜）……我甚至感觉到梵天（宇宙最高的永恒实体或精神）的存在。”

辨喜在给朋友的信中说：“特斯拉先生认为他可以用数学的方法证明力和物质可以简化为能量。我打算下星期去看他，去做这个新的数学演示。在这种情况下，吠檀多宇宙学将被置于最可靠的基础之上。我现在正在研究吠檀多的宇宙论。我清楚地看到它们与现代科学的完美结合。”

辨喜希望特斯拉能用物理阐释我们叫作物质的事物根本就是潜在的能量，因为这将使现代科学和古代《吠陀经》的教授内容相吻合。特斯拉对《吠陀经》十分入迷，在了解了prana（呼吸）、akasha（空间本身）、kalpas（一昼夜时间）的内容之后，他称这就是现代科学应该揭示的终极要义。

辨喜回到印度后，谈话时不时提到特斯拉：“今天最杰出的科学家告诉我，《吠檀多经》里所讲到的意识有多么正确。我跟他有私交，此人几乎没时间吃饭，也没时间走出实验室，却在我的《吠檀多经》的讲座中听了几个小时。据他说，《吠檀多经》如此具有科学性，它们跟时代如此地吻合，它们正是今天的现代科学所要得出的结论。”

辨喜从特斯拉的研究中得到灵感，他这样写电力：“再举一个例子，我们可以将电力传输到世界各处，但我们得使用电线。

而自然，可以不用任何电线传送巨大的电力。为什么我们不可以做到同样的事情呢？我们可以将思维的电力传送到任何地方。”

辨喜给特斯拉的灵感，把他引向宇宙，引向终极使命——电力无线传输及免费能源。

他在美国电气工程师学会的演讲中说：“在数代人的时间里，我们的机器将在宇宙中的任何时刻由一种可获得的动力驱动。这个想法并不新奇……我们在安西乌斯令人愉快的神话中找到了它，他从地球上获得了力量；我们在你的一位杰出数学家的微妙推测中发现了它……空间就是能量。这个能量是静态的还是动态的？如果静止不动，我们的希望就会落空；如果是动态的，那么，这只是一个时间问题，人们何时才能成功地把

2019 年塞尔维亚发行的特斯拉与辨喜的纪念邮票和首日封

机器安装到大自然的轮子上。”

塞尔维亚为了纪念特斯拉与辨喜伟大的友谊，2019 年发行了特斯拉和辨喜的邮票和首日封。

从废墟上，站了起来

1895 年 3 月这场火灾，让特斯拉跌落到了破产的边缘。被烧毁了的特斯拉电气公司实验室，部分所有权归 A. K. 布朗所有。特斯拉也没有他的交流电专利税了，从威斯汀豪斯那里，也领不到任何工资了。而他个人的全部储蓄，统统投资到研究设备上了。

他在通读《吠檀多经》的同时，也采用了电气疗法。

“要不是长期采用电气疗法，我想我无法恢复过来了。电，给我疲乏的身躯注入了最宝贵的东西——生命的活力、精神的活力。它是一位伟大的医生，而且我敢说，是所有医生当中最伟大的医生。”

1895 年 6 月，特斯拉实验室火灾三个月后，21 岁的伽利尔摩·马可尼，在他父亲的蓬切西奥庄园，成功地把无线电信号发送到了一千五百米外的地方。

马可尼，1874 年出生于意大利的博洛尼亚市。他几乎没有在正规学校读过书，只在家庭教师的指导下学习。马可尼的父亲请了一位物理教授来指导马可尼。

这位物理教授，是特斯拉的崇拜者，把特斯拉的所有发明，包括特斯拉线圈的奥秘，特斯拉阐述的无线电发送和接收方面的六项基本要求，都教给了马可尼。

马可尼一口气读完了所有特斯拉关于无线电的阐述，并依照特斯拉的无线电的六项基本要求，一次次试验。

1. 天线或架空线。
2. 接地。
3. 含有电感和电容的空地回路。
4. 可调节电感和电容（供调谐用）。
5. 按相互共振调好的发送装置和接收装置。
6. 电子管检波器。

就在特斯拉实验室着火，推迟无线电信号传输演示之后的第三个月，马可尼把无线电信号发送出去了。

得知这一情况后，特斯拉从颓丧中惊醒，他意识到自己必须马上兴建新实验室，加紧完成自己的无线电系统。

爱德华·迪安·亚当斯伸出了救援之手。这位投资人曾经组织过国际尼亚加拉委员会，为开发利用尼亚加拉大瀑布征集和审查各种相互竞争的技术方案。他是摩根支持的大瀑布建设公司的总经理。这家公司拥有开发尼亚加拉瀑布电力的特许权，而且选择了特斯拉的多相系统。因此他对发明家的情况十分了解，对特斯拉的天才也由衷地钦佩。

亚当斯不但投资新建一家公司供特斯拉继续开展研究，同时，他还给了特斯拉四万美元作为筹办费。

特斯拉立即在纽约市寻找地方，准备新建一座实验室，很快就在东休斯敦街 46 号选中了一个地点。他装了一部电话，同时立即向威斯汀豪斯求援，请他们帮助更换设备。

在无线电领域方面，一场国际竞争已经展开了。

无论爱迪生还是英国邮电系统的负责人威康 · H. 普利斯，都在研究利用感应效应的原始“无线电”。爱迪生在铁路沿线栽上电线杆并架设电报线，通过感应来桥接中间隔着的几十米距离。但是这些系统发出的电报所跨越的距离并不远。

此外，奥利弗 · 洛奇爵士一年前还在牛津大学两座楼房之间传送过莫尔斯信号，距离几百米。他制成了一种发射机和接收机，方法是在一端开口的铜制圆筒里装上赫兹火花隙，使之能产生一束超短波振荡。

在购买设备时，特斯拉也在考虑爱德华 · 迪安 · 亚当斯提出的建议，将各方力量联合起来，组成一家新公司，从而取得摩根家族的强大财政支持。但他也对这个建议颇有戒心，因为他看到过摩根把汤姆逊 – 休斯敦公司和爱迪生电气公司统统吞并，组成了通用电气公司。而且他记得很清楚，摩根还觊觎并威胁过西屋公司。

不少人认为，特斯拉舍弃了摩根家族提供的可靠保障，是大错特错，他的好朋友约翰逊也是这种想法。特斯拉深深叹了一口气，感慨地摊开他的双手，说他要保护他珍贵的自由。

他相信，有了亚当斯提供的四万美元，他至少能把他的一些发明推进到商业阶段，因为这些发明都已接近成功了。

1897 年春天，由于得到亚当斯的财政资助，特斯拉从废墟里，站了起来。

实验室重新建了起来，他的心情顿然开朗，他告诉记者："每一个有艺术家气质的人，都怀着满腔热忱，不断激励自己振作精神，奋勇向前。总的来说，我的一生非常快活，比我能设想的任何一种生活都更为快活。"

他向记者介绍了研究工作中体会到的无比兴奋的心情。"当发明家看到他头脑中的某种创造正在取得成功时，他发自内心的激动，是人们体验到的任何激动都无法比拟的……这种感情能使一个人废寝忘食，能使他抛开友谊和爱情，抛开一切。"

哈德逊河船上的试验

1897 年 6 月，特斯拉带着几名记者在哈德逊河船上进行试验。这条船装有接收机，距离设在休斯敦街的新实验室有二十五千米远。就特斯拉的仪器而论，这点距离无足挂齿。

他告诉记者：“在地球的任何地点上扰乱‘静电平衡’，由此造成的扰动现象可以在很远的地方加以分辨。这样一来，只要制成具体的仪器，发出信号和读取信号的办法便切实可行了。”

记者不敢相信，亲眼看着特斯拉在哈德逊河船上向二十五千米远的实验室发信号，守在实验室的记者，看见接收机信号，真的收到了信号！这是神奇的一刻！

记者问，这是不是魔术？

特斯拉笑笑，“不是魔术，无线电的六项基本要求，一个也不能少。1. 天线或架空线。2. 接地。3. 含有电感和电容的空地回路。4. 可调节电感和电容（供调谐用）。5. 按相互共振调好的发送装置和接收装置。6. 电子管检波器。”

特斯拉通过接收机试验，成功实现了相当远距离范围内的无线电通信，现在只待装置的进一步完善，以期达到任何距离。

8月，特斯拉在申请登记基本无线电专利之前，向《电气评论》杂志披露试验已经成功。《电气评论》报道了这场试验："他已成功制造一台发射机和一台电气接收机。接收机能在相距很远的地点，灵敏地接受发射机发来的信号，不受大地电流或罗盘方位的影响，而且耗费的电能极少。"

特斯拉在《电气世界和工程师》发表了一篇有关无线电的文章。这篇文章最明确地阐明了无线电是什么模样——也就是我们今天所知的模样。他提出的是情报传输的全面概念，而不仅是从一个地点往另一个地点发送单个信息这样简单，在无线电的开路先锋当中，唯独特斯拉做到了这点。

特斯拉写道："世界电报从其作用原理来讲，可分为使用手段以及应用能力两方面，这同迄今为止的情况相比，是向前迈出了崭新的和富有成果的一大步。我毫不怀疑，世界电报对于启迪群众，特别是尚未发展好的国家以及边远地区的群众，非常有效，而且将大大增进普遍安全、舒适和便利，有助于维持和平关系，为此要设置若干台设备，所有这些设备都能够将单独的信号发送至天涯海角。每台设备最好都装设在靠近重要文明中心的地方，因而它通过任何通道接收到的消息，都可以传遍地球上的所有角落。然后把一个用衣服口袋就可以装下的便宜且简单的装置，安设在海洋或陆地上的任何地方，它就可以将世界消息或者给它专门发来的特别信息记录下来。这样一来，整个地球就变成了一个巨型大脑，它的每一个部分都能做出反应。单独一台设备只需要一百马力动力，就可以操作数以亿计台仪器，因此这一系统简直具有无限的工作能力，它必定大大促进情报传输并降低其费用。”

当时很多人都意识到，这可以成为一种通信手段。但是，特斯拉是真正了解问题关键的人。我们需要在特定的频率上传输信号，而接收端则是调谐至专门针对这些频率的天线。这样才能够在空间中无数的信号里对应上我们所需要的那一个，进行有意义的通信。

1897 年 9 月 2 日，特斯拉的无线控制技术专利申请获得登记，编号为 645576 和 649621。这是世界上最早的无线电传输技术蓝本。

火球之谜

火灾发生后的第二天，一封由凯瑟琳亲笔书写的情绪激动的信，送到了特斯拉的手上。凯瑟琳告诉他，她和丈夫罗伯特·安德伍德·约翰逊在四处找他，他们非常担心特斯拉被如此重大的打击击垮身体。

凯瑟琳在信中写道："似乎您也消失在稀薄的空气里了……务必让我们再见到您，让这可怕的噩梦忘掉。"她恳求道："今天，我愈加深刻地认识到这场灾难的意义，也由此愈加为您担心。我亲爱的朋友，除了流泪我别无他法，而眼泪没法随信寄来。为什么您现在不来找我们呢——也许我们可以帮助您，我们对您无比同情，希望为您竭尽全力……。"

凯瑟琳是特斯拉非常真诚的朋友，丈夫罗伯特·安德伍德·约翰逊是《世纪》杂志的总编辑，他经常邀请客人到位于列克星敦大道 327 号的家中举行家庭聚会。到这里的客人通常是作家、诗人、作曲家和画家，特斯拉是罕见的科学家。

当时，约翰逊家的客厅因高雅、贵族和品味而闻名。特斯拉一些最重要的文章也在约翰逊的杂志上发表。

特斯拉在这里还结识了约翰·雅各布·阿斯特——美国第一位百万富翁，美国第一个托拉斯的创造者；威廉·K·范德比尔特——美国著名的铁路巨头、商业豪门；还有大名鼎鼎的著名作家马克·吐温。当然，这里不乏追求特斯拉的女人：费罗拉·道奇、著名的法国演员色拉·伯尔尼哈特。

在约翰逊的引荐下，他还认识了新世界交响乐团的作曲家安汤金·德沃扎克——那天她在纽约演出。《丛林之书》的作者鲁迪亚德·吉卜林以及西奥多·泰迪·罗斯福，未来的美利坚合众国总统。

火灾带来的打击是综合性的，他极度抑郁，甚至达到麻木的境地，但是他知道必须找到出路。他对《电气评论》说："这一周我深得大家的慷慨与同情，深深感受到了这种善意，尽管我现在无以回报。但我必须在这座突然降临的灾难之山上凿出一条路来。"

大火烧掉的还有"火球的设计原理说明书"。

特斯拉的研究表明，电光火球是可以在人工条件下形成的，而它的运动可以由人的意念来控制。这样，一直被认为是自然现象的电光火球就成了一种人工现象。

特斯拉可以在实验室条件下复制复杂的他称为"火球"的能量结构。

"球形闪电不是闪电，它与闪电几乎没有相同之处，所以把这种物理现象命名为‘球形闪电’是不正确的，我们应该称它为‘电光火球’，即与电磁场有关的等离子态发光球。”特斯拉向前来关心他的朋友解释说。

等离子体不同于人们熟知的固体、液体、气体三态，它是物质存在的另外一种形态。日常生活中的等离子体并不多见，但在茫茫宇宙中，以等离子体形态存在的物质却占到了物质总量的99%以上。

我们赖以生存的太阳，就是一个巨大的等离子体团，其内部每时每刻都在发生剧烈的核聚变反应——两个氢原子核融合成一个氦原子核，同时生成大量的光和热。

在地球上，科学家们也在日复一日、年复一年地工作，试图在精密仪器中重现太阳等离子体发生的核反应，通过模拟核聚变，源源不断地获得能量。一旦这项技术走向成熟，人类面临的能源短缺问题将有望彻底得到解决。

从谐振感应场，连接到各种系统中的主要和次要“特斯拉线圈”，特斯拉的创造不仅产生了太空中的平行能量结构，而且还产生了动态平衡的复杂火球系统，这与我们今天所谓的原子非常相似。

最初，特斯拉只是熟悉1899年科罗拉多斯普林斯火球的破坏特性，同时实验了高压，以及低频电流，并建立了地球和地球大气层的共振。

“就像本杰明·富兰克林成功地捕捉到大气中的电子一样，我们发现了用它填充冷凝器并控制自然的过程。”特斯拉说。

在他的实验中，非常偶然地制作了火球，而且更多的时候，他无助地看着它们是如何爆炸，破坏他耸立的天线或者破坏实验室中的设备。

火球爆裂的破坏性效果，发生了令人难以置信的力量。特斯拉研究了导致火球形成的过程，并不是因为他想生产它们，而是为了理清避免形成它们的条件。这是不愉快的，特斯拉注意到，一个火球爆炸了，它破坏了与之接触的一切物体。他不想透露火球形成的过程，也没有留下关于它的工程原理说明。

有一次，心情愉快的特斯拉把这个秘密告诉了约翰·奥尼尔。奥尼尔后来回忆时写下了以下内容：

“火球主回路内的偶然振荡或电流回路是危险源。主电路中的电阻端子可以出现在端部之间或两个电阻端子之间的外围振荡电路中，并且这些外围电路具有比主电路快得多的振荡周期，而且可以通过低频电流使其振荡。即使当主振荡电路已经调整到最高运行效率时，通过减少所有损耗源，火球仍将继续出现，但这必然是地球本身非定向电流的杂散高频电荷。

从这个实验中可以看出，当弯曲的高频波与主电路的低频波自由振荡相连时，火球从两个频率中呈现出它们之间的相关性。自由振荡通过不同的运动场而发生改变，当两个电流相互作用时，在最短的时刻，电流可以快速地移动，具有几百万马力的爆发力。

这种情况可以作为一个触发器，可以在无限小的时间间隔内产生强大的长波能量，并且以无法想象的激烈的方式释放到周围空间。由于周围的场，使这种释放的能量呈球形，这就是火球出现的方式。从高频电流到如何通过爆炸释放低频电流只有一步，对于应用该系统的原理和概念，以及可能引起爆炸的步骤，他并没有给予详细的解读。”

奥尼尔是一名“世界人”，是《纽约时报》的合作者。由于他的职业而与许多名人见面，奥尼尔对特斯拉十分着迷。

根据特斯拉的实验，所描述的过程是可能的，但没有证据表明火球发展到最后会怎么样。特斯拉使用振荡器，就像他在科罗拉多斯普林斯采取无线方式向地球发送电流一样，以物体产生共振的频率投入运行。由于物体结构复杂，材质与反射频率的速率不同，有许多电气振荡的频率远高于流经整个物体的频率。这些寄生电流将对主电流作出反应，导致火球出现，通过爆炸摧毁整个物体，这比弹药本身的爆炸严重得多。

俄罗斯院士皮特雷·奥尼多维奇也对火球进行了研究，但因为没有特斯拉的共振变换器，他无法重现它们。如今，美国物理学家库伦兄弟在特斯拉的一些实验中取得了一定的成功，他们可以制造出小型“火球”，直径只有3毫米，但带有金属粉末芯。

特斯拉制造的是一个足球大小的“球形闪电”，没有核心，将它们放在手中，放在一个盒子里，盖上盖子，然后将它们从盒子里拿出来，把它们再次握在手里！这些火球或“球形闪电”是相当稳定的结构，可以保持几秒钟。

特斯拉知道自由空间中冷等离子体融合的秘密。因此，特斯拉参透了以前未开发的领域，即时间工程技术。他还强调，他的电磁波与赫兹的波不同，没有磁性成分，电磁波发射的波长等于发射的距离。换句话说，它等于发送对象和接收对象、发射器和接收器之间的距离，就像它在自然环境中一样。那些波的速度与传播距离成正比，它们具有无限的速度。

火球一直让世界的科学家着迷，但是特斯拉所有关于“火球”的研究资料都在火灾中毁掉了，没有相关可以证实的信息能重新制作一个“火球”出来。

火球是一种与闪电有关的奇怪现象。雷击的一些能量似乎被锁定成球形结构，其直径的大小可以从几厘米到几米。它看起来像一个完美的球体、明亮的白炽灯，它可以像气泡一样漂浮，很容易被气流带走。它可以持续很短的时间，在这段时间内，它们非常靠近地面，它们可能会接近许多物体并带来损坏。如果靠近建筑物，火球会像炸弹一样发生爆炸，对生命会造成伤害。

火球看起来就像一个巨大的微小电子模型，它是物质的基石之一，就像是一个球形空间的区域，其中一定量的能量形成结晶结构。如果有可能发现大量的能量存储在火球的这个神奇的结构中，那么电子和其他基本物质粒子的结构可能会获得新的见解。这种储存能量的方法，可以应用于无数个目的。

特斯拉发现“火球”的阶段，会在某些讲座上回避直接答案，因为火球会涉及有关原子结构的复杂理论，虽然他早年曾在位于科罗拉多斯普林斯的实验室与前来采访的记者讨论过他的“火球”经历并阐述了它形成的机理。

他说：“如果火球在你附近爆炸，它们会摧毁它所接触到的任何东西，这是不愉快的。”

特斯拉进一步说明：

“即使通过减少所有损耗源来调节主振荡电路以获得最大的操作效率，火球也会继续发生，但这些都是由于来自随机接地电流的杂散高频电荷造成的。从这些经验可以看出，火球是由两个频率的相互作用产生的，一个较高的频率波施加在较低频率的自由振荡或主电路上。随着电路的自由振荡从零点到四分之一波长节点的建立，它通过各种变化率，在波长较短的电流中，变化率将更陡峭。当两个电流相互作用时，所产生的复合物将包含一个波，其中存在极其陡峭的变化率，并且最短的瞬时电流可以以数百万马力的速率即极大的速率移动。

“这种情况可以作为一个触发器，可以使强大的长波的总能量在极小的时间间隔内以一定比例的极大能量运动速率放电，这种不可思议的能量运动不会将自身局限于电路中，而是被释放到周围空间。”

从了解高频电流如何能够爆炸性地释放较低频率的电流，

到使用该原理来设计产生这些爆炸的系统，这只是制作火球的一个步骤。

特斯拉的电光火球被认为可以有效地约束不稳定质体，使之在实现受控核聚变的国际竞争中具有举足轻重的地位。

揭开电光火球之谜有助于找到物体自燃等现象的真实原因。而更多的科学家认为，研究电光火球最直接的作用是有助于找到高效、清洁的新能源。所以，现代有许多等离子体物理学家醉心于研究电光火球。

火球在高温下由人工控制进行的氢核聚变反应叫受控热氢核聚变反应，这种反应释放出的能量是目前人类最理想的新能源，它以海水为原料，提取氢的同位素氘，在近亿度的极高温度下发生热核反应，释放巨大的能量。这种能源的原料取之不尽，用之不竭，而且极少发生放射性污染。实现受控热核聚变反应最关键的问题在于保持高温等离子体的相干性，将其约束在一定的磁场空间和速度空间内，使它具有极强的稳定性。

在斯普林斯，特斯拉用一艘遗弃的战舰作为“火球”实验物：他使用一个振荡器，正如他在科罗拉多斯普林斯的实验室周围用无线发送电力一样，以一个共振的频率运行的力给定战舰。战舰的复杂结构提供大量的振荡点，其中电气振荡的频率将高于通过船体传播的频率。这些电流将对主电流作出反应，导致火球的产生，这些火球爆炸会破坏船只。

第二个振荡器可用于传输较短波长的电流。赫兹的空间/时间的测量正朝着相反的方向变化，这意味着空间中的实际长度随着赫兹数的增加而减少。最后我们发现时间上的波数和空间中的波数是不对应的。

特斯拉在1932年的笔记中写道：

“我已经证明介质是一种气体。只有纵向冲动可以传播到这个气体内。它们创造了可变压缩和解压缩，就像那些由空气中的声波产生的压缩和解压缩。因此，无线发射器不会产生赫兹波，这是一个神话，但它会在以太中产生声波。这些波的行为看起来像声波在空气中的行为，不包括这种介质的巨大弹性和非常小的密度使它们的速度等于光速。此外，不仅有振荡圈，而且还有共振，因为整个系统与它们经过的路径的自然电磁波共振。这意味着振荡器开始在发射器和接收器之间的空间中运行，几乎截获以太，并在那里创建了一个独特的驻波场。一般来说，它表明每个自然环境都有特定的超导振动。因此，首先形成波导，但它无法自己转移能量。”

然后特斯拉开启了一个低频场，并以1∶4的比例发射了波，这是主场载波的低次谐波分量。以这种方式，他可以在所需的距离传输能量，并在某些区域进行强烈的连续电磁放电。没有任何东西可以穿过这样的能量墙而不会在分子或原子水平上衰变！

世界上更多的科学家在用心研究火球的制作方法，这是当今社会发展的需要。实现了可控核聚变，就是掌握了未来新能源的先机。

但愿您是一位伟大的发明天才，把特斯拉带到另一个世界里去的电光火球的制作技术寻找回来，制造出稳定的电光火球，使可控热核聚变反应得以实现。这样，人类面临的能源危机就能得到最终解决。

第一张 X 射线摄像

1895 年 3 月 13 日特斯拉实验室火灾，不仅焚毁了无线电信号传输的所有资料，也阻碍了特斯拉成为第一个发现 X 射线的人。

早在 1891—1893 年，特斯拉就在一系列报告和各种实验表演中，提到了“可见和不可见”光，而且他还使用了铀玻璃和各种不同的磷光和荧光物质来探测辐射。

1894 年秋天，特斯拉在曼哈顿汤涅尔照相公司协助下，对磷光体的辐射强度进行了试验，“我的仪器可以产生的爱克斯光（X 射线）的能量比一般仪器可以产生的要大得多”。

一次，特斯拉用克鲁克斯管（阴极射线管）为实验室照明，并给马克·吐温拍了照片，但照片冲洗后显示，特斯拉拍下的并不是马克·吐温的面貌，而是马克·吐温的颅骨图像。

“照片没有显示出马克·吐温的相貌，只有照相机镜头校准螺丝的清晰影像。”爱德华·R·休威特说。当休威特读到伦琴的发现后，就急匆匆地赶到特斯拉的实验室，要求看看几个月前为马克·吐温拍的照相底版。休威特回忆说：“特斯拉把它从黑暗的房间里拿出来，举起来对着光。我在其中看到了镜头圈的图案，镜头圈边上的调整螺丝也清晰可见——还有圆点，这代表着木相机前面的金属木螺丝。特斯拉看了一眼。接着他把底版砰的一下摔在地上，把它摔成了上千块，还一边大叫着：‘真是笨啊！我怎么从来没有看到’。”

这些图片及特斯拉使用的克鲁克斯管，被登载在电子杂志上。

诺尔·F·布什在 1946 年 7 月 15 号出版的《生活杂志》上发表文章写道：“1894 年，不论是特斯拉还是休威特，都没有意识到马克·吐温的这张照片，实际上就是在美国首次制成的一张 X 射线摄像实例。直到一年后伦琴发现 X 射线时，他们才意识到。”

事实上，特斯拉是历史上第一个发现 X 射线的人。

1895 年 3 月，他的 X 射线研究资料，在实验室大火中被烧毁了。

1895 年，伦琴使用他的同行特斯拉和莱纳德设计的设备研究真空管中的高压放电效应。1895 年 11 月 8 日下午晚些时候，伦琴注意到，当他把感光胶片放在手和铅屏之间时，胶片上就会出现手部骨头的图像。不久后，伦琴把他的研究结果和他妻子的手部照片公布于世。在照片中，可以看到伦琴妻子的手骨头及其手指上的婚戒。

当特斯拉听到伦琴的关于X射线的报道之后，与他之前进行的实验进行了比较，他知道，伦琴运用了他早前发布的X射线研究步骤。

虽然，特斯拉在伦琴之前发现了X射线，但是，特斯拉没有试图剥夺伦琴教授的优先权。

特斯拉完成了自己的实验，并在1896年3月11日至1897年8月11日期间公布了他的实验结果，并告诫人们，如果非安全地使用X射线，存在的风险是巨大的，尤其是对人身体内部器官的损害是无法预测的。

特斯拉拍了一张穿着鞋的脚部影像图寄给伦琴，并祝贺他的发现。

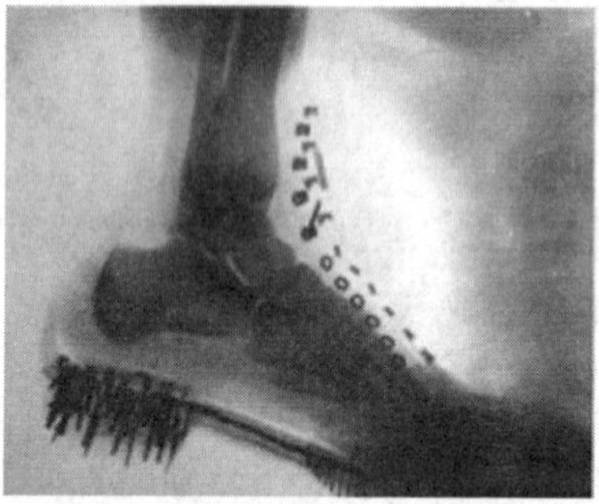

特斯拉拍摄的X射线照片

伦琴随即回信给特斯拉："这些照片很有价值。烦请您告知制作拍摄这些影像的方法。"

影像图在X光机的发展中起了重要的作用，X光机从来无法拍出像特斯拉那样清晰的图像。伦琴的X射线机，只能照出手和脚的模糊阴影，而特斯拉却在相隔四十米的距离，用40分钟时间拍下了人的头颅的清晰照片。

特斯拉在《电气评论》杂志的一系列文章中，热情地赞赏了伦琴获得的成就。他给伦琴教授发了一封电报："用我的仪器获得了非常清晰的效果。不相信以太波，仍然有很大的可能性。你努力的成果，让数千人感受到了欢乐时刻。"

1896年，特斯拉被这种新的神奇力量深深地迷住了，他相信，他发现了一种"刺激"大脑的方法，因此反复给自己的头部进行拍摄。只要照上20—40分钟，就可看出头颅的外形轮廓。有一次照了40分钟之后，不仅清楚地看到轮廓，而且可以分出眼窝、下颚以及下颚与上颚的连接部位，脊柱以及脊柱与颅骨的连接部位，还有肌肉甚至头发。

"它有催眠效果，时间似乎过得很快。它让我镇静，我感到头的上部有温暖的感觉。我有一名助手，他自己也昏昏欲睡，而且觉得时间消逝得很快。"

根据这种效应，特斯拉越来越相信辐射是由能够穿透脑壳的物质流组成的。他最先提出，X射线可以用于医疗，提出可"将化学药物注入人体内部"。

为了试验X射线，他拿自己当试验人，详细记录X射线对他的身体及大脑所造成的影响。

1897年春天，因为X射线照射过量，他病倒了几个星期。他记录下了拿自己试验X射线的后果："由于X射线过量，眼睛经常爆发突然性阵痛。双手也不时地痉挛。”

“最严重的一次”，他记录道，“局部皮肤的颜色发暗变黑，而且有了水痘，这就是预兆有病了。皮肤一层层脱落，里面的肉都露出来了……同时出现发烧和火辣辣的疼痛等症状。我有一位卖力的好助手，我亲眼看到他腹部也害上了这种疾病。”

这是受到一只高电荷管照射之后发生的，距离只有几厘米，照射时间仅 5 分钟。但是除了皮肤损伤以外，他发现这种辐射能让肌肉深部感受到温暖。这种发现使他深受鼓舞，于是决心继续进行治疗学方面的研究工作。

特斯拉很难测定自己受到 X 射线辐照，究竟能达到什么程度。而且就大脑来说，至今的确仍未弄清人对高能电磁场的耐受量为多少。

特斯拉以及早期对 X 射线进行试验的其他科学家，是在一个危险的领域里进行探索。十分清楚的是，辐射对于探测人体内部的异物或骨骼裂纹是很有用处的，可是要了解辐射的全部医学潜力以及此种射线对人体健康的影响，必须冒着生命危险进行反复的摸索研究。

1897 年，他研究 X 光及辐射线对人体健康的影响，以自己的身体去实验 X 射线辐照，体重只剩四十公斤，全身是病。他经常昏倒，几乎离死神已经不远。

他开始练习辨喜传授给他的瑜伽，冥想静修。

特斯拉是天生悟者，很快地便让身体奇迹般地康复。一个人能够从疾病中康复，除了依靠医生的治疗和药物，更需要人体本能的自然治愈能力。科学研究指出：人体自然治愈力在信仰、修炼情况下，可以得到超强发挥，疾病患者以无法解释的速度康复。这就说明了生命机体有难以想象的自我痊愈机能。

当时，X 射线的发现，引起全世界的追捧。

“我有生以来，”哥伦比亚大学物理学家迈克尔·普平回忆，“还没有见到任何一项发现像 X 射线的发现那样，引起全世界的持续关注。每个物理学家都扔下他们手中的研究课题，挤向这项研究……”

爱迪生也挤进这一行列，他让实验室抛开一切事情，试验 X 射线。

他说：“不等别人喘过气来，我们就要搞出些名堂。”

爱迪生制作了荧光镜——有窥视孔的盒子，并于 1896 年拿到纽约中央大楼的电气展览会上展出。美国人破天荒第一次有机会看一看他们身上骨骼的阴影，都吵吵嚷嚷地挤进队里等候一个位置。许多人因为等不到观看自己大脑的活动情况的机会，大失所望。

从理论上说，眼睛失明可以用 X 射线治愈，于是医生们就进行这类“治疗”。但是适得其反，辐射会造成眼睛“闪光”，而且一旦辐射过量，就会引起白内障。

特斯拉指出，没有任何证据可以证明 X 射线能治疗失明，他认为，给大家这种虚幻渺茫的希望太不近情理了，他反对这种做法。

爱迪生却坚信不疑，认为眼睛失明可以用X射线治愈。结果，爱迪生的双眼因为照射X射线而损坏了。

于是，爱迪生把X光管的预热工作交给了最得力的助手达利，预热无非也就是把手放在X射线源和荧光屏之间，等到手部的骨头清晰可见的时候就算预热好了。

万万没想到，达利预热了几年，手部和脸部就出现了损伤，后来截去了整个左臂和右手四个手指，还留下一个手指用来操作仪器，再后来他永远失去了右臂，预热了八年便失去了生命，年仅39岁，成为全美第一个为X射线献身的人。

爱迪生被达利的遭遇吓到了，立即彻底放弃一切关于X射线的研究，市场再大也不赚这个钱了。

1901年，首届诺贝尔奖颁发，伦琴获得诺贝尔物理学奖，成为史上第一位诺贝尔物理学奖获得者。

伦琴发现X射线，恰恰是从特斯拉使用的克鲁克斯管（阴极射线管）得来的灵感。

一只振荡器

1898 年的一天，特斯拉在东休斯敦街 46 号的实验室里，把一个小小的振荡器装到一根铁杆上，精确调整振动频率，使得整栋大楼颤动了起来。他按了一个开关，便在一张靠椅上坐了下来，仔细观察和记录周边发生的每一点情况。

随着振动速度越来越快，实验室里的东西，一件接一件地共振起来。椅子、桌子、机器突然摇晃和跳动起来了。把频率增强以后，一件家具安静下来了，另外一件频率合拍的东西又会“发疯似的跳起舞来”。

特斯拉没想到，振荡器发生的振动沿着铁杆往下传递，力量逐渐增强，并通过曼哈顿的下层建筑向四面八方扩展。楼房晃动起来了，门窗嘎嘎震响，左邻右舍慌忙冲出房屋，涌到街上。

街上，全部是碎玻璃，而处于震中的他，对外面发生的一切，还毫无察觉。

警察局很快查明全市别的地方都没有发生地震，于是当即派出两名警官对特斯拉的实验室进行搜查。特斯拉对房屋周围引起的骚乱，不是太清楚，但他觉察到地板和墙壁发生了震动。他猛地意识到必须立即停止试验，便随手抄起一把锤子，把小小的振荡器砸了个粉碎。

两位警官猛跑进大楼，迅速冲进门来，正巧碰上特斯拉转过身来，向他们客气地点了点头。

“先生们，很对不起，”他说，“你们正好晚了一步，错过了一场有趣的实验。不过，你们今天晚上要是能来，我一定在这个平台上另外装一个振荡器，让你们都站上去试一试。我保证你们喜欢这玩意，你们一定会非常开心。”

当记者来访时，他满不在乎地告诉他们，如果他愿意的话，他用几分钟就可以摧毁整座布鲁克林大桥。

他告诉记者，他用一个大小不超过一只闹钟的振荡器做了另外一些试验。他将振荡器接到一根两米长、两厘米厚的钢杆上。“很长一段时间里什么也没有发生……但是到了最后……这根粗大的钢杆开始颤抖了，而且抖动得越来越厉害，以致竟然像一颗跳动的心脏一样一胀一缩，最后断了！”

他告诉记者说，这根钢杆是大锤打不断、铁撬棍也掰不折的，可是用微微一点力量——连婴儿也吓不着的微微一点力量连续不断地迅速敲打，却可以把它折断！

他把一只小小的振荡器装到上衣口袋里，带着记者，到街上去寻找一座尚未竣工的钢铁建筑物做实验。他在华尔街地区果然找到了一座，它有十层楼高，上面什么也没有，只有钢铁骨架。他把振荡器夹到一根钢梁上。

在场的记者记录下了这个时刻："没过几分钟，钢梁颤动了。渐渐地，颤动强度不断增大，而且扩展到了整个钢铁结构。最后，钢铁结构开始发出嘎嘎的响声，而且左右摇晃，来到工地的工人，个个恐慌万状，都以为发生了地震。消息一下子传开了，说是这座楼房就要倒塌，接着警察后备队也出动了。没等发生严重后果，特斯拉就把振荡器取下来了，把它装回口袋，溜之大吉。要是再等 10 分钟，他可能已把这座楼房夷为平地。而且特斯拉可以使用这个振荡器，在不到一小时的时间内，振垮整座布鲁克林大桥。"

他对记者说，不要小看这个小小的闹钟振荡器，它可以将地球劈成两半，"就像小孩劈开一个苹果一样"。他继续对记者解释说，地球振荡有周期性，大约是每 109 分钟一个周期。"这也就是说，如果我此刻拍一下地球，就有一个收缩波穿过它，过了 109 分钟，收缩波就变为膨胀波的形式反射回来。实际上，地球也像任何别的东西一样，处在永恒的振动状态之中，不停地收缩和膨胀。"

"现在我们假设，正当地球开始收缩的时刻，我将一吨炸药引爆。这对收缩产生增强作用，过了 109 分钟，就有一个同等增强的膨胀波返回。假设当膨胀波退却时，我又引爆一吨炸药，于是进一步增强收缩波，假设我们一次又一次地这样反复进行爆炸。会发生什么？地球就会被劈成两半！难道还有什么疑问吗？在我的心里，是没有任何疑问的。人类有史以来第一次掌握了这样的知识，可以用它来干预宇宙的进程！”

记者问特斯拉需要用多长时间才能将地球劈开，他稍留余地地回答：“可能要几个月，也可能一两年。”

他说，只要几个星期，他就可以造成地壳上升和下降几百米的振动状态，让河流冲出河床四处泛滥，把建筑物破坏殆尽，摧毁一切。

特斯拉说：“空间是可以劈开的。那将会得到什么？我也曾这么想过，撕开空间，看看外面到底会怎样？一层，还是几层，还是其他模样？”

“我可以把这个世界劈开，但我永远不会这么做，我的主要目标是传播新的设想，让它们变成现实，我非常希望它们能成为未来研究者的一个起点。”

特斯拉，用一只闹钟的振荡器，开启了“遥控自动学”。

“时间越长，我越清楚地认识到，我只不过是一台被赋予了运动、情感和思想的‘宇宙力机器’。

“很久以来，我一直在试图发明“自动遥控机”—— 具有一定智能的机械装置。它的巨大发展潜力终有一天会为人们所认识。我深信，这种装置必然可以被制造出来，并将给工商业和制造业等各个领域带来革命性的影响。”

特斯拉建立了一门新科学——地球共振频率，称之为“遥控地质动力学”。

特斯拉对调频、共振着了迷。他认识到，可以利用同样的振动原理来探测远距离物体，例如船舶或潜艇。

特斯拉在 1919 年 7 月《电气实验》登载了“电振荡器”一文，详细全面地揭示了振荡器的类型和工作原理，他一生单单为振荡器申请了五十多项发明专利。

第七章　第一艘无线电遥控船

史上第一个机器人

1898 年 2 月 15 日晚，美国一艘特殊战舰“缅因号”在古巴哈瓦那港外突然爆炸，266 名水手葬身海底。

第二天，美国海军部长西奥多·罗斯福誓言要追查爆炸原因，美国总统麦金莱命令紧急组成一个海军调查团前往调查。以威廉·桑普森为首的调查团于 2 月 21 日开始调查工作。

有些证人提到，听到了相隔几秒的两声爆炸，他们认为前一次是水雷，后一次是水雷引发了“缅因号”的弹药库爆炸。

3 月 25 日，桑普森向美国海军部提交了一份报告，认为藏在海底的水雷是“缅因号”爆炸的原因，有人猜测可能是想挑起美国与西班牙矛盾的古巴起义者，也可能是对美国干涉古巴事务非常愤恨的西班牙人，或者是西班牙政府。

海军调查报告让美国舆论沸腾了。媒体掀起了对西班牙宣战的宣传浪潮，充满了“牢记‘缅因号’，让西班牙下地狱”的口号。

1898年3月，特斯拉制造出了世界上第一艘无线电遥控船，注册了无线控制技术。

他小范围地展示了自己的新发明——遥控的潜艇。这种自动船引起的反响是前所未有的。

早在1893年，特斯拉就已经开始从事制造遥控装置。在后来的两三年时间里，他制造了几种可以远距离遥控的机械，而且给那些来实验室参观的人作过演示。可是实验室火灾之后，这些活动就中断了。

一名费城通讯社记者出现在特斯拉实验室门前，他说："特斯拉博士，听说您有一种无线电装置，可以用来同百千米以外的战舰进行通信联络。"

"确有其事，"特斯拉说，"我设计过一台完整的机器，它能进行许多种不同的操作，但是一直拖到1897年我才算制造完成…… 1898年初第一次展出时，我产生了一种感觉，那是我在其他发明上从未有过的感觉。"

记者请他讲讲这台机器的用途。

特斯拉说："可惜我不能对您详谈，更不能告诉您我的机器是怎样的一种东西。如果美国舰队能使用这种装置，在战争中就会取得优势。我的发明能对美国有如此大的用处，我感到骄傲。"

可是，对于一个说话带着欧洲口音的人来说，想让美国政府接受他的这项发明，谈何容易。当时，针对外籍人的“追查奸细”活动正在兴头上，警察如果在街上碰到一个西班牙籍美国公民被人打得头破血流，会故意扭过头去，当作没有看见。有时候还把这些“奸细”抓起来，严刑拷打，最后被驱逐回国。

4 月，特斯拉到华盛顿去见美国专利局主审员西莱，表示他要把这项发明献给政府。

特斯拉很清楚无线电遥控船只的军用价值，他的理想是将它用作终结战争的手段。

西莱听了哈哈大笑。

6 月，主审员西莱来纽约观看特斯拉的遥控机器船，特斯拉亲自给西莱遥控表演。西莱看后表示，这种机器简直不可思议。

西莱离去时说：“你的申请看起来令人无法相信。”

19 世纪末，新技术和新发明犹如火山爆发，短短一百年内出现的新生事物比过去一千年还要多，所以当时的美国专利局内部弥漫着自满的气氛。

当时担任美国专利局和商标局局长的查尔斯·霍兰德·杜尔曾经请求关闭专利局，因为“一切能发明的东西都已经发明出来了”。

特斯拉踌躇满志地向美国专利局申请专利，却遭到了拒绝。他一不做二不休，决定举行一场声势浩大的演示。

他制造了两艘无线电控制装置船只，其中一艘是可以遥控的潜艇。在这次演示中，他准备拿出可遥控的潜艇。特斯拉为之日夜操劳，那一天终于在隆隆炮声中来到了。

1898 年 9 月，纽约麦迪逊广场花园第一届电气博览会开幕了，尽管阴雨绵绵，仍有一万五千人前来参观。特斯拉向公众演示了无线电遥控船只。

这是特斯拉首次将自己发明的无线电波遥控机器人展示给世人。他在一个室内游泳池展示他的遥控船，他称 “遥控船 ” 为“远程自动化”。投资者们惊奇地看到特斯拉遥控操纵水中的一艘小船。

这是世界上第一台无线电遥控装置。它看起来简直有独立的思考能力。

有人问：64 的 3 次方是多少？

遥控灯立刻闪了 4 下。

观众们震惊了，要求特斯拉将无线遥控模型船揭开顶盖，证明里面的确没有藏着人。

特斯拉开始了表演的高潮部分。在众人紧张的注视下，他通过无线电启动，让机器做出前进、停止等动作。

有人大喊：天哪，这一切都是魔术，特斯拉在用意念控制着那艘船。

有人大吼：这是骗局，船舱里其实有一只经过训练的猴子，特斯拉通过心灵感应让它驾驶小船。

大众关注的焦点，主要在于特斯拉是否有魔力，或者特斯拉是否欺骗了观众的好奇心，似乎没有人注意到这场表演所展示的遥控技术和机器人技术的深远意义。

在那个只有几个人了解无线电波的时代，现场很少有人留意到，特斯拉采用他自己设计的脉冲编码将操作指令传达给无线电启动，经过解码后完成实际操作。

这正是未来远程控制技术的雏形。特斯拉还设想安装一个简易逻辑门电路，以阻止接收其他人发出的指令。

这是人类历史上第一个用无线电波成功控制的机器人。

在观众席上，坐着未来的海军中校 E. J. 克温贝，第二次世界大战期间，他曾在佛罗里达的基韦斯特布负责海军的电子武器研究工作。

他在参观特斯拉的历史性展览时还是个小孩。他对当时的情景作过如下记录：“我同父亲到了展览会，我亲眼见到了一个世纪后才开始实现的太空航行的最初模样。特斯拉并不使用莫尔斯电码，他也不使用任何大家知道的语言来发送信息。他使用自己的编码脉冲，通过电磁波直接控制那个最早的无人驾驶舰艇。他将参观人的指令译成电码，舰艇的接收机又自动将这些电码译出，使之变为实际操作。”

特斯拉展出的世界第一台用无线电操纵的机器人自动船，开创了无线电的一个非凡发展阶段，成为现代无线电技术的先驱。仅仅这点就足够了，而他同时还要介绍自动化，令人惊愕。

去现场观看的专利局官员们，终于同意授予特斯拉“远程自动新发明：遥控的潜艇化”，专利：613809号。

二十世纪六十年代以前，无线电遥控一直是新鲜事物，美国专利局一直认为这是不可能实现的。但是特斯拉在博览会上证明了专利局的看法是浅显的，他通过无线电波来操作螺旋桨和灯光，从而成功地控制了无线电遥控船只。

这项发明在三个不同的领域获得了广泛的运用。首先是远程遥控，例如电视和车库门的遥控器就是运用这项技术。其次是船，船也是初期机器人的一种，因为它是一种机械的、不用人工直接控制的物体。再次，将机器人和无线电控制技术相结合。

特斯拉的无线遥控船只，为无人驾驶飞机的产生带来了灵感。

马克·吐温的幽默

特斯拉在制作遥控船的消息一传出去，就收到了当时在奥地利的马克·吐温寄来的一封信。

这位幽默大师在信中写道："你一直在研究发明吓人的毁灭性武器，有了奥地利和美国专利了吗？如果有了，你能不能给它们定个价钱，并且委托我代售？这两个国家的内阁大臣我都认识，德国的我也认识，威廉二世也不例外。"

马克·吐温的信很长："在我住的旅馆里，一天晚上有几个人一起谈论用什么办法说服各国与沙皇实行联合，并且实行裁军。我对他们说，最好找些别的办法……不能光在几张到头来会烂掉的纸上搞裁军……请一些大发明家来，让他们搞点名堂来制裁舰队和军队，使其无能为力，用这种办法叫战争从今以后再也打不起来。我毫不怀疑，你已经注意到这点了，而且就要用一种实际的办法给全球带来裁军和永久和平。我知道你是一个大忙人，但还是望你百忙中抽空给我简短复上一信。"

特斯拉回信说：“我不想后人记住我，是因为一种巨大的毁坏性力量。我希望做战争终结者，那才是对我的最高赞美。”

马克·吐温回信：“你的成就，好像是一位喝醉了的神做的梦。”用这句话来概括特斯拉的一生，也是再恰当不过的。

被扼杀的遥控鱼雷

1898 年 11 月，特斯拉拜访了海军部长西奥多·罗斯福的助理迈耶。他向迈耶演示了无线电遥控船只，他认为美国海军会对遥控鱼雷艇感兴趣。

“美国人民会立刻伸出手，承认我的发明。是的，我是一个普普通通的美国人。如果政府要我干什么事情，我都表示欢迎。”

迈耶交叉着手，无动于衷地望着特斯拉。特斯拉说：“如果美国舰队能使用这种装置，就会取得优势。”

特斯拉继续向迈耶详细介绍了自己建造的“自动遥控的艺术”：它是一种机器人，同时也是一种遥控科技。他提出了一种不带任何船员的鱼雷艇。这种鱼雷艇有一个带有蓄电池的电动机，用来推动螺旋桨，还有一些较小的电动机和蓄电池，用来带动操舵装置；另外就是专供电气信号灯光和舰艇在水中沉浮所使用的电动机和蓄电池。鱼雷十四米长，共有六枚，分两排立放，一枚放射出去时，另一枚就落入炮位。

特斯拉告诉迈耶，这样一艘鱼雷艇的建造费用只要五万美元左右。

特斯拉说，用不了几艘这样的舰艇，就可以“攻击并摧毁整个舰队，在一个小时内将其彻底消灭，而敌人连对方的影子也摸不着。根本不知道火力从何而来”。他希望迈耶认真考虑。

特斯拉没有想到，这位海军助理对海军装备一无所知。迈耶始终交叉着手，什么也没有看懂，什么也没有听懂，最后说了一句话：“这个系统过于复杂和脆弱。”

特斯拉试图把系统说得更明白些。迈耶离去时，用爱迪生的口吻说：“这是一个不可能实现的美梦。”

对特斯拉有成见者利用海军“雪藏”遥控潜艇的“利好消息”，组织舆论界，对特斯拉的遥控潜艇，发起了攻击。

特斯拉的挚友，《世纪》杂志总编约翰逊，忍不住拔刀相助，要与这些媒体笔战。特斯拉给约翰逊写了一封信，恳请约翰逊不要为他出战：

“我知道您是个高尚的人，是一位忠诚的朋友，我知道您对这些无缘无故的攻击感到愤慨，因此我担心您忍不住要挺身而出。我恳请您无论如何不要这样做，否则只会叫我生气。让我的‘朋友们’把肚里的坏水都倒出来吧，我觉得这样更好。他们要向科学协会抛出那些毫无价值的方案，反对本来值得赞扬的事业，好端端地往人们眼睛里撒沙子，那么就让他们去撒吧，到时候他们要自食其果……

我只要举出开尔文勋爵、雷利勋爵和伦琴的言论，就可以轻而易举地将这里面的论点一一驳倒，这些伟人们都高度评价和肯定我的劳动成果。但是我鄙夷这样做，因为这些攻击太无耻了，我不屑一顾……”

第八章　永不枯竭的能源

科罗拉多大草原

从1890年11月，特斯拉线圈第一次制造了五厘米长的放电火花，到1899年初，特斯拉线圈已经能产生四百万伏电压。

“电火花从墙壁蹦到天棚上，容易引起火灾，这是一种秘密试验。我必须有电力、水和自己专用的实验室。我要找一名能听从吩咐的好木工。为了从事这项试验，阿斯托尔、克劳福德还有辛普森愿意为我出钱。而我要在深夜里，当电力负荷最小时，才进行试验工作。”

特斯拉感到，自己设在纽约的实验室，已经不再是进行试验的一个安全稳妥的地方了，他的试验工作对一座拥挤的城市而言，已经过于危险了。

利用无线电传输能量，特斯拉认为在高海拔地区也是可以实现的。所以，在1899年筹集到资金后，特斯拉准备在科罗拉多斯普林斯建立一个实验室，在那里他可以做高频高压实验。

1899 年 5 月 11 日，特斯拉乘火车离开纽约，中途在芝加哥停留，再一次展出了他的无线电控制船只，轰动的场面依然不亚于纽约麦迪逊广场的人潮。5 月 18 日，他到达科罗拉多斯普林斯，前往阿尔塔·维斯塔饭店。

实验室所使用的土地，位于科罗拉多斯普林斯以东约一千米的尖峰山脚下。这块地方地平面的海拔高度为六千米，空气清新、凉爽，充满了静电发出的劈啪响声。

特斯拉住进阿尔塔·维斯塔饭店后，当地记者蜂拥而至。他向记者们透露，他计划赶在巴黎 1900 年博览会之际，从派克斯山峰向巴黎世博会发送无线传输信号。

记者问他："是不是将信息从一座山峰传到另一座山峰？"

他骄傲地回答："我到科罗拉多不是来表演绝技的。"

特斯拉真实的计划其实更有雄心："我现在确信，只需要不麻烦的步骤，就可以通过大气层传输电信号。"

特斯拉已经制造出了能产生四百万伏电压的特斯拉线圈，称作"放大发射机"。

"放大发射机"有三个线圈，直径为五十二米。它可以产生数百万伏电流并制造出"人造闪电"，闪电最高可达一百三十米，是迄今为止全世界最恢弘的人造闪电。而现在他还要用特斯拉线圈造出更高的电压，以便为全球进行规模传输的装置供应电能。

虽说自从来了这位著名的发明家以及堆积成山的神秘设备以后，这片人烟稀少的地方被惊动了，但实验还是尽可能在保密的情况下进行。

特斯拉在市郊搭建了一栋平顶房屋作为实验室，在它周围圈上了一道栅栏，栅栏上标着几个大字：“危及生命，严禁靠近。”

实验站开始兴建时，像一座巨大的方形粮仓，建成时，却变得像一艘桅杆高耸的船只。房顶开有一个洞口，一座塔尖从中穿出，顶端离地面八十米。塔尖竖着一根金属杆，高一百二十二米，直插云霄。金属杆尖顶上立着一个直径三米的大铜球。

特斯拉在斯普林斯的实验室

实验站建成后，大门外立了一块牌子，上面赫然写着一句但丁《神曲》中的引言——“进入此门者，请放弃所有希望。”

特斯拉在科罗拉多斯普林斯实验室的大门口（拍摄于 1899 年）

所有机器设备运到施工现场，立即移入站内并安装妥善。形形色色、大小不一的线圈或高频变压器都一一装配起来了。原来设在休斯敦街实验室的一套特制的双箍初级电路，也从纽约运到了。这条电路配有电路继电器，用来带动放大发射机。

六月中，设备已全部安装完毕，各种实验的准备工作正在全力推进。这时，特斯拉布置好了一台接收机变压器，准备用它实验测定地球的电势。按照一项缜密的计划，他希望研究地球周期性和偶然性的波。他在次级电路中安装一种控制记录仪器用的灵敏度极高的装置，然后将初级电路接地，并将次级电路装到设在高处的终端上。这样做产生了令人惊奇的结果：电势的变化引起了初级电路中的电涌，而电涌产生次级电流，次级电流又按其强度成比例地影响灵敏记录仪。

“我们发现，地球的的确确因有电振荡而生机勃勃，我也很快就被这一有趣的研究工作深深吸引住。我要进行的这类观测，在任何别的地方都赶不上这里的机会好。”

特斯拉已经发现了地球电流的秘密，它们将为人类所用。他成功地通过电流传播了声音，声音以惊人的速度传播，但电振动传播得如此之快，以至于很难想象出一个能以图形方式说明其速度的数字。特斯拉在实验过程中，发现在大城市附近有如此多的相互冲突的地球电流，实验无法获得令人满意的结果，于是他就在丹佛附近找到了一个试验场地。在那里他遇到了一个对电学研究感兴趣的朋友，他们一起去了派克峰。他们的行李中最显眼的是两把自动竖琴。

特斯拉和他的朋友爬上了崎岖的山路，在约定的高地上，他们分开了。特斯拉绕过山峰，到达一个与他朋友相反的地方停了下来。他们分别沿着一条直线穿过山峰，被四千米的分层岩石隔开。他们调好了两个自动竖琴，并且在自动竖琴上为将要演奏的曲目定下了时间。特斯拉耐心地等待着指定时间的到来，然后，他把竖琴与地面连接起来，以确保竖琴与大地的电流可以产生谐波共振。自动竖琴上配备了麦克风。当他在山峰另一边的朋友弹奏这首指定曲子的时候，特斯拉正在全神贯注地听着。特斯拉手中的自动竖琴发出了“本・博尔特”的和声曲调，他的同伴就在离他四千米远的地方，正是从他乐器的金属丝上拨出的曲调。实验很成功。在演奏了许多曲调之后，特斯拉和他的朋友走下了顶峰。

科罗拉多这带地方的天然雷电不断频繁出现放电，而且有时候威力很大。有一次，两个小时内发生大约一万两千次放电，距离特斯拉的实验站不超过三十千米。据他形容，其中许多次就像是铺天盖地的巨大火树，树干自上往下倒着长。

到了六月末，特斯拉发现一种奇异现象，他的仪器受到距离很远的放电的影响，其程度甚于附近放电的影响。“这使我十分迷惑不解。原因何在？”

一天晚上，草原上空布满了繁星。特斯拉在草地里步行回家，突然想到了一种可能的原因。

“我的直觉被唤醒了，我觉得我接近了一种伟大的启示。”特斯拉意识到，闪电现象正是电荷在空气中的无线传播，不是电信号，而是电能。强大的电能从一个地方传送到另外一个地方。空气中的分子本身被高电压离子化成为等离子体，因此在某个瞬间，成为导体，就像一段导线那样传送电能。

“如果你想知道宇宙的秘密，就用能量、频率与振动来思考。”

特斯拉开始建造有史以来规模与能量最大的特斯拉线圈。一架一百四十五米的天线高耸屋顶，顶端是一个铜箔圆球。实际上，整个建筑就是一个人造闪电装置。一旦特斯拉建成了这座高能量设备并投入实验的话，就连最猛烈的暴风雨临时发出的闪电，也能仿造出来。当发射机启动时，在距离实验站十二千米半径范围内的避雷器，就与连续不断的猛烈电弧相连接。这些电弧比天然闪电造成的电弧更加强烈，更能持久。

特斯拉说：“一亿伏电压是完全可以达到的。这样一种电路，可以用任何一种脉冲甚至是低频脉冲来激发，而且能像交流发电机一样产生连续的正弦振荡。”

特斯拉相信，通过地表传输高压电电流，是可以实现电能的远距离传输的。“这种共振变压器除了具有这些特性之外，还能精确地进行调整以适应地球以及地球的电学常数和性能。由于这种设计上的优点，它具有极高的频率，而且能有效地进行电力的无线输送。这样一来，距离就彻底消除了，被传输的脉冲强度不会减弱。根据一项精确的数学定律，甚至有可能使作用强度随着与装置距离的加大而增强。”

事实上，特斯拉的放大发射机，是世界上第一台具有足够功率的、能在地面到电离层造成超低频谐振的放大发射机。

特斯拉在科罗拉多制造的这套放大发射机，被他视作最重大的发明。的确，正是特斯拉的这项发明，使他的那些“对手们”望尘莫及。

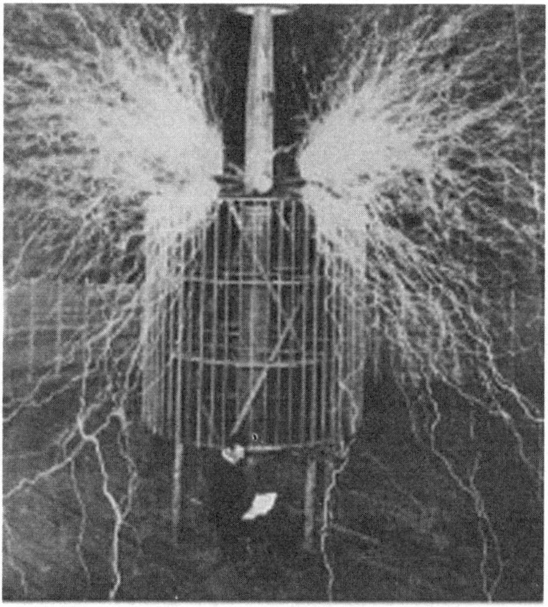

特斯拉在线圈放电的环境中做笔记

特斯拉在写给助手谢尔弗的信中说：“在我的脑海里，许许多多的想法接踵而来，稍纵即逝，我只能捕捉其中很少的一部分。而在这很少的一部分当中，我有时间和精力搞深搞透的，只有极少数。而且常常还会遇到另外一位也有同样想法的发明家，他要抢先把这些想法搞成功。哎，不瞒你说，这真叫我焦虑啊。”

最猛烈的人工闪电

1899 年 6 月 3 日是特斯拉永远不会忘记的日子。这一天，他终于首次获得了有决定意义的实验证据，证明了一个对于推动人类向前发展具有无比重要意义的真理。

那天，晨光熹微，特斯拉看到密密一大片带有强烈电荷的云团汇集在天上，很快就爆发出一阵常见的猛烈暴风雨，它从山峦间，以极快的速度从平原上横扫而过。

特斯拉发现一道道强烈而持久的电弧，按照几乎相同的时间闪现。他备有一套记录仪器，可以看出，电子活动的指数随着暴风雨的远去而不断减弱，最后一同消失了。

“我怀着热切的期望观看，可以充分肯定，稍过一会儿，指数又会重复出现，而且越来越强烈，在达到顶点之后，又渐渐减弱并再次停止。同样的作用按照有规则的循环间隔多次反复出现，直到最后。根据简单的计算，暴风雨的运行速度近于恒定，隐没在大约三百千米之外。但是，这类奇怪的作用此时仍不停止，而是继续表现出来，强度经久不衰。”

特斯拉很快就感受到他对这种“奇异现象”的真正性质有了把握。“无论怎么说，我看到的毫无疑问就是驻波。”他将这次发现的意义总结如下：“乍看起来似乎不可能，但是在事实上，我们这个星球尽管广袤无比，却像尺寸有限的导体一样活动。从应用该系统输送电力来说，这件事具有极其重大的意义，这一点我已经十分清楚了。”

“我很早以前就认识到，不但可以不通过导线将电报信息发送到任何距离，而且还能将人声音的微弱信号传播到整个地球。甚至还可以将无限数量的电力几乎毫无损耗地传送到地球上任何距离之外。”

在特斯拉的眼里，地球是一个装有电流体的巨大无比的容器，电流体的谐振形成一系列就地凝结的波。“现在可以肯定，能使用振荡器在地球内造成驻波。”

“这一点有着极其重大的意义。”特斯拉已经知道，要经地球任一地点输送电力和发送情报信息，可以使用两种截然不同的方法：或者通过很高的变换比，或者通过谐振增强。现在，他经过电振荡器的实验之后得出了一个结论：输送电力以第一种方法为最好，只需要小量电能。至于无线电，无疑以第二种较好和较为简单。

进行实验的那个晚上，特斯拉穿上黑色的阿拉伯王子式外衣，戴上手套和一顶黑色的圆顶礼帽来到实验站，一边观看房屋中央的巨大线圈，一边观看天线顶上的大铜球。

合闸后，次级线圈冒出一道道火舌，电光带着劈啪声在上面飞窜。强大的电流汹涌通过初级线圈，线圈制造出巨大的闪电，在房间里横冲直撞，放电的巨大声响震耳欲聋。只见线圈上，一片汹涌起伏、四处闪动的火舌，空中到处是电火花，雷电一次又一次地爆发，越来越猛。

特斯拉沉浸在狂喜之中。他可以看见，实验站的上空，天线杆顶端的圆球窜出一百英米的闪电。猛烈的震动摇撼着大地，电光闪闪，雷声隆隆。在这座像谷仓一样的建筑物里，放射着异样的蓝色光亮。

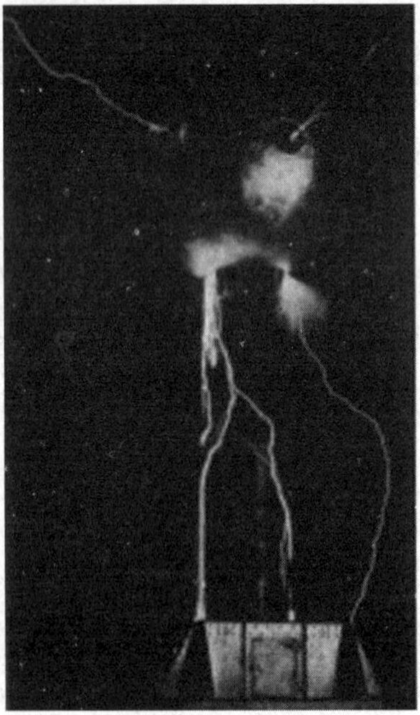

斯普林斯特斯拉线圈发射出的人工闪电

大草原上空不断爆发出轰鸣和闪光。大地似乎苏醒了，从放电器发出的隆隆雷鸣，方圆十千米以内都能听见。

雷电一次又一次地向外迸发、爆炸，人类何曾与上天“诸神”如此亲密接触。

十五千米外的一个小镇，可以听到释放能量发出的阵阵雷声。沿着街道行走的人们惊讶地看到他们的脚和地面之间跳跃的火花，当有人打开水龙头取水时，电流的火焰会从水龙头中弹出。实验塔一百米范围内的灯泡在关闭时会闪烁。马厩里的马通过他们的金属掌传输的冲击而受到惊吓，甚至昆虫也受到影响：蝴蝶无助地旋转成圈，他们的翅膀喷出‘圣埃尔莫之火’的蓝色光环。

在实验室中，特斯拉得到了一千米的强大放电，成功制造出了一场全球最大的人造闪电！他不由地想起了在格兰大街的实验室里观察到第一个小火花时的情景，当时简直比他发现旋转磁场时还要激动。

从 1890 年格兰大街的实验室第一个小火花，到此刻的一千米的强大放电，这是什么样的创举？

“我终于制造出了闪电，它的能量已经超过自然界中的闪电。”

在这之后，特斯拉又进行了一项实验。他在场地上放了一些灯泡，灯泡周围铺设了四点六五平方米的电线。他给电线释放能量，电线内产生了一个电场，随后灯泡亮了。这更加坚定了他自己的设想：可以大规模进行远程电力传输了，只需要有合适的传输工具和合理的设计元素即可。

特斯拉无线电灯感应实验

特斯拉线圈所产生的极大能量，创造出了第一道人工闪电，雷鸣般的巨响回荡在科罗拉多的大地上，闪电的光弧也划破了斯普林斯灿烂的天空。

看着大草原上空亲手造出的人造闪电，特斯拉对无限传能信心满满。

无线传能——是特斯拉一生最雄心勃勃的项目，继高频交流电和无线通讯后，特斯拉在科罗拉多斯普林斯进行全球性的无线传输系统的实验，在传递信息的同时免费提供电能。他制造出了规模与能量最大的特斯拉线圈，产生数百万伏电压，造出当时最大的人造闪电。

特斯拉线圈，巧妙地利用了地球磁场，不单能够远距离传送资讯电波，还能将电力能量转化为高频电波，使人类能进入一个无污染的“免费能源”生活。

特斯拉线圈，是特斯拉最超前的发明，也是他对人类做出最大贡献的发明，因为特斯拉线圈是一项能够无限量供电的免费能源科技。

一百年后，当大家听到“免费能源”“用之不竭的电力”“能量输出”或是“每月所消耗的电费皆是免费”等名词时，以为是天方夜谭。但人们有所不知，一百年前，特斯拉线圈，已经解决了能源危机的问题。

特斯拉认为，地球本就蕴藏着无穷无尽的电力资源，如众所周知的地心磁场、太阳能、风力发电、水、氢与氧等。

他认为，宇宙本身就是一个永动机，而地球是一个巨大的电容器，利用他发明的设备，可以免费地从自然界获得巨大的电能，还可以进行远距离的无线传输。按照他的设想，地球上的任何地方，只要用一个简单的终端，就可以享受源源不断的电能。

他预言：“许多年以后，人类的机器可以在宇宙中任何一点获取能量从而驱动机器。”

为人类提供永不枯竭的能源，是特斯拉线圈的核心。

特斯拉从少时起，就很确定，自己来到这个世界，不是游戏人生，而是有使命的。这个使命，就是使人类可以享有无限的免费电力。特斯拉线圈，可以让他完成这个使命。

就因为这个使命，他在一生中，几乎每天的睡眠都很少，废寝忘食，从不懈怠。

向另一个星球打招呼

1899年特斯拉在科罗拉多斯普林斯进行放大发射器实验时，他认为他发现了起源于火星的连贯信号。

特斯拉在《Collier's Weekly》（March 1901）中详细阐述了“与行星对话”的主题：“当我正在改进我的机器以产生强烈的电能时，我也在完善观察微弱电力的手段。最有趣的结果之一，也是一个具有非常重要意义的，是开发某些用于显示数百千米以外的风暴的方向、速度和距离的仪器……

“我正在进行这项工作，这是我第一次发现那些引起如此不同寻常兴趣的神秘效果。到目前为止，我已经体会到了我在科罗拉多山区的实验室所能感受到的全球脉搏。我注意到在一千一百千米半径范围内发生的每一次电气变化。

“我永远无法忘记第一次感觉的体验。当我明白所发现的东西也许对人类会有不可预料的结果时，我觉得我好像是在发现一个新知识的起源或揭露一个伟大的真理。即使现在，有时候我可以清楚地想起此事，并看到我的机器设备好像真实呈现在我眼前。

“第一次的观察结果确实吓到我，那里像是有神秘的东西，并不是所谓的超自然的东西。晚上，我一个人独自待在实验室，但当时，这些干扰是由智能控制的构想还没有出现在我的判断中。”

“我注意到变化是定期发生的，且带有些许多用任何仪器无法追踪的明确数字和顺序。当然，我对太阳、北极光、地磁电流产生的电子干扰很熟悉，而且我很肯定这些变化不是这些原因所造成的。我的实验排除了大气干扰所产生变化的可能性，以及一些人轻率的断言。一段时间之后，当我脑海中闪过观察到的干扰信号可能是由智慧控制的想法时，虽然我还无法解读这些信号的意思，但对我来说无法完全将它们视为偶然。这感觉不断增强，我是第一个听到一颗行星向另一颗行星打招呼的人……我不仅仅看到一个愿景，也看见一个伟大和深奥真理的景象。”

特斯拉推断，这些信号的确是非地球的，或是努力和地球沟通的外星人。

特斯拉认为他截听到的是来自外层空间的智能信号。他指出，即使是最简单的沟通形式，也可能是代表一种来自外星人清楚传输的方式。

特斯拉在科罗拉多斯普林斯天空中收到的无线信号，是迄今为止最早的外层空间无线信号，标示着人类第一次有记录的对外层空间的通信连接。

哈佛天文台教授 W·皮克林在 1901 年 1 月 16 日的《纽约时报》上发表了一篇名为“火星交替之光”的报告。

THE NEW YORK TIMES COMPANY.

JANUARY 16. 1901.-

THE LIGHT FLASH FROM MARS.

Prof. Pickering Makes a Statement in Regard to Alleged Signals.

CAMBRIDGE, Mass., Jan. 15.—Prof. Pickering of the Harvard Observatory to-day said:

" Early in December we received from the Lowell Observatory in Arizona a telegram that a shaft of light had been seen to project from Mars (the Lowell observatory makes a specialty of Mars) lasting seventy minutes.

" I wired these facts to Europe and sent out neostyle copies through this country. The observer there is a careful, reliable man and there is no reason to doubt that the light existed.

" It was given as from a well-known geographical point of Mars. That was all. Now the story has gone the world over. In Europe it is stated that I have been in communication with Mars, and all sorts of exaggerations have sprung up.

" Whatever the light was, we have no means of knowing. Whether it had intelligence or not, no one can say. It is absolutely inexplicable."

《纽约时报》发表的“火星交替之光”文章

“去年 12 月初，我们收到了亚利桑那州洛厄尔天文台的电报。这封电报告知，从火星发出的强光通量持续了 70 分钟。

“洛厄尔天文台是专门研究火星的观测台，观察者是一位注意力高度集中和经验丰富的研究人员，所以我们对他的陈述毫无疑问。我们将立即考虑这些事实，并通过电报通知欧洲和美国。

“根据科学资料，光来自火星上的已知点，并且在这一点上没有异常。无论有什么，现在我们没有办法研究任何东西。我们不能肯定地说这是否是有智力的迹象。在目前的时间里，这种现象是莫名其妙的。”

当这些信息出现时，特斯拉在纽约，他刚刚从科罗拉多斯普林斯回来，在那里度过了整整一年的时光，用共振特性的电磁场进行了许多打破常规的实验。特斯拉在科罗拉多州的实验室恰好位于派克峰峰顶。有趣的是，这个高峰被霍皮人、印第安人神化——他们认为它是世界的精神极。

受到洛厄尔天文台信息的鼓舞，特斯拉在纽约公报中表示，他在科罗拉多斯普林斯的研究期间，与火星人进行了交流。那时，他暗示已经设计了一种用于行星间通信的设备，这种设备在不久的将来将得到改善。

特斯拉说：“我认为，星际间通信比什么都重要。将来总有一天，必定会发现宇宙当中还有别的人类，他们也像我们一样工作、受苦、拼搏。这会给地球上的人类带来神奇的影响，并为建立宇宙的大同世界——和人类本身一样长久存在的宇宙大同世界奠定基础。我可以很容易地将我们与火星分开的鸿沟联系起来，并且发出的信息几乎和芝加哥一样容易。”

特斯拉相信，“我是第一个听到一个星球向另外一个星球打招呼的人。”

对于特斯拉听到的声音，可能解释是从其他星球发出的无线电波。直到二十世纪二十年代，这种计数电码才再次被天文学家捕捉到，并且给予正式承认；二十世纪三十年代，这种声音才首次被人们转换成编码数字，并输入数字记录器中。如今，“收听”其他星球的信号已经是寻常的事情了。

特斯拉在 1937 年 7 月 11 日的《纽约时报》中写道：“在过去的一年里，我花了很多时间来完善一个新的小型紧凑型设备，通过它可以将大量的能量通过星际空间闪现到任何距离，而不会有任何离散。”

特斯拉从未公开透露过他的增强发射器的任何技术细节，但在 1937 年 7 月 12 日的公告中，他透露了一个新的公式：“身体的动能和势能是运动的结果，由质量和速度的平方决定。如果质量减少，则能量减少到一定比率。如果它减小到零，对于任何有限的速度，能量都是零。”

大约四十年后，阿瑟·马修斯声称特斯拉秘密开发了“特斯拉星际通信设备”，目的是与火星进行通信。

1978 年 7 月间，安德佳·普海瑞次博士约见了马修斯，之后他在《纽约时报》说：“阿瑟·马修斯来自英格兰。马修斯的父亲是十九世纪九十年代著名物理学家开尔文勋爵的实验室助理。特斯拉来到英格兰拜见开尔文，并说服他交流电比直流电更有效率。开尔文当时是反对交流电的。1902 年，马修斯家族离开英格兰移民到加拿大。当马修斯十六岁时，他的父亲安排他到特斯拉那里当学徒。他一直待在那里，直到特斯拉去世。这一点并不为人所知，但特斯拉实际上有两个巨大的放大发射器在加拿大制造，马修斯操作其中一个。人们大多知道科罗拉多斯普林斯发射器和未完成的长岛的沃登克里弗塔。我看到两个加拿大发射器存在的所有证据。”

“特斯拉星际通信设备”是特斯拉发明的与其他星球人进行通信的工具。在马修斯的《光之墙》这本书中描述了特斯拉星际通信设备的形状。

马修斯说：“原则上，它接收宇宙射线信号，最终信号降低成音频。信号从宇宙射线发射器另一端传出。”马修斯表示，他于 1947 年建立了特斯拉行星通信系统模型并成功运作。

二十世纪八十年代，电气工程师格雷格·霍多瓦内克发展了他的“韵律宇宙论”。他还尝试了自己设计的重力波探测器。这个装置用于检测微波辐射中的“相干调制”。他在 1986 年 4 月发表了他的第一份《引力信号外星智能》报告：“外星智慧的重力技术优于无线电技术的优势主要在于这些信号的‘传播’时间。无线电波以光速传播，但引力信号基本上是瞬时的。重力技术的另一个优点是所需仪器的简单化。射电天文学可能相当复杂。引力波探测器必须在很大程度上依赖地球的质量作为‘阴影’ 来实现。因此，最好检测位于观测者顶部的‘物体’或信号。然而，其他区域仍然是‘可探测的’，特别是借助于其他‘阴影’，如太阳、月亮、行星等。”

1988年7月，霍多瓦内克证实了特斯拉的说法，他在《特斯拉火星信号的一些评论》中宣布：“今天我用简单的标量型信号探测器收到的信号，在微波背景辐射中‘听到’相干调制。最突出的调制是三个脉冲在时间上略微分开。有时，也会听到E、N、A或K的代码信息，但最持久的回应是S、E等。任何一种标量型噪声探测器都会产生这种声音背景。但是，实验者必须小心，他不会通过自己与在‘本地’创建这些回应。例如，探测器也会对心跳、呼吸动作、局部运动以及可能的心理效应作出反应。探测器很容易制作，实验者应该很容易重现这些结果。也有可能这个传播者可能是‘外星人’，也许还在我们的太阳系中，也可能是同一个传播者。自从世纪之交尼古拉·特斯拉报告截获标量S信号以来，我试图在这里获取外层空间信号！”

2007年，神秘的强大电波，学名“快速射电暴”（简称FRB）第一次被人类侦测到，此后在2012年又被记录，然后就是2018年夏天最新捕捉的这一电波。

“信号再次重复出现”也是网友争论最多的一点。

“宇宙中的一种快速电波脉冲，仅能维持数毫秒，一毫秒等于千分之一秒，几毫秒也就相当于苍蝇扇动一次翅膀的时间。但是，它瞬间爆发的能量却是不得了的。”《自然》杂志的文章一出，国外网友第一时间热烈讨论起“外星人”

问题。

英国《卫报》题为《宇宙深处的神秘快速射电暴可能是外星人》的报道上说："火星轨道每一点八年靠近一次地球，它可能做了一个接收器，对无线电波非常敏感。"

2017 年，哈佛大学的史蒂文教授写了一篇关于外星人与脉冲信号的报告。他表示，"快速射电暴可能是由外星人发射机发射星际探测器时泄漏的。因为低频率信号正符合飞行器的特性。"

哈佛大学的理论宇宙学家阿维·勒布则认为："此次重复信号的发现可能证明了宇宙中存在着先进的外星文明。"

罗伯特·纳尔逊在他的文章《与火星交流——特斯拉和霍多瓦内克的实验》中详细描述了与外星人智慧的意外交流。这些通信可能是特斯拉在 1899 年科罗拉多斯普林斯收到的相同类型的信号。

1960 年，五角大楼追踪一颗怀疑是苏联的黑色卫星，它在神秘的轨道上翻滚着经过太空。

1961 年，在巴黎天文观测台工作的法国学者雅克·瓦莱发现了一颗运行方向与其他卫星相反的地球卫星，这颗来历不明的卫星被命为"黑色骑士"。随后，世界上有许多天文学家按瓦莱提供的精确资料，也发现了这颗环绕地球逆向旋转的独特卫星。

1962 年，乔斯林·贝尔从玛拉德无线电天文台的望远镜里，注意到一些奇怪的现象。几个星期之后，她注意到所产生的信号不是来自任何已知的来源，排除了任何一个想得到的解释，如人类干扰、其他无线电信号、月球反射、环绕轨道的卫星、电视信号等多重来源，都没有办法解释这些奇怪的信号。她最后在《自然》杂志上发表一篇论文，尽管声音的来源还没有被确认。在当时，这篇文章的发表引起相当大的骚动，而现在，侦测到奇怪的信号是很正常的事，确定这是来自“非自然”的信号。

1965年，苏联科学家根纳季·B.薛罗米斯基、尼古拉·卡尔达肖夫和I.S.斯科罗伍斯基受到了全世界的关注，他们宣布收到了一些超级的无线电信号，来自文明空间。他们说，“这些信号是有序的。”

1981年，苏联的一家天文台也证实了“黑色骑士”的存在，它在地球高空的轨道上，循着极大的椭圆轨道运行，体积甚小，十分耀眼，像是个金属球体。

法国学者亚历山大·洛吉尔认为，“黑色骑士”可以用与众不同的方式绕地球运行，表明它能够改变重力的影响，而这只有作为外星来客的UFO才能做到，因此这颗被称作“黑色骑士”的奇特卫星可能与UFO存有关联。

1983年1至11月间，美国一颗红外天文卫星在北部天空扫描时，在猎户座方向两次发现一个神秘天体。两次观测这个天体的时间需要时隔六个月，这表明它在空中有稳定的运行轨道。

1988年12月，苏联科学家通过地面卫星站发现有一颗神秘的巨大卫星出现在地球轨道上，他们当时以为这是美国“星球大战”中的卫星。稍后苏联方面才知道，美国的科学家也在同一时间发现了那颗神秘的卫星，而美国人则以为它是属于苏联的。

经过美苏两国高层官员通过外交途径接触和讨论，双方明白那颗卫星是出自第三者。以后的一系列调查表明，法国、西德、日本或地球上任何有能力发射卫星的国家都没有发射它。

根据苏联的卫星和地面站的跟踪显示，这颗卫星体积异常巨大，具有钻石般的外形，而外围有强磁场保护，内部装有十分先进的探测仪器。它似乎有能力扫描和分析地球上每一样东西，包括所有生物在内。它同时还装有强大的发报设备，可将搜集到的数据传送到遥远的外太空中去。

1989年，在瑞士日内瓦召开的一次记者招待会上，苏联的宇航专家莫斯·耶诺华博士公开了此事。他强调说：“这颗卫星是1988年底出现在我们地球轨道上的。它肯定不是来自我们这个地球。” 他表示，苏联将会“出动火箭去调查，希望尽量找出真相”。

此事披露之后，至今世界上已有二百多位科学家表示愿意协助美苏去研究这颗可能是来自外层空间某一个星球的人造天体。法国天文学家佐治·米拉博士说：“很明显，这颗卫星飞行了很长的时间才来到地球，事实上它的设计也是这样。虽然只是初步估计，但我敢说它至少已制成五万年之久！”

直到 2011 年根据诺塔库克外星人的信息称，“黑色骑士”卫星不是地球人造的，虽然美国国防部很快作出声明，因为对于外星人的存在还十分隐秘。美国完全掩盖了这件事情。其实，这是星际访客绕地球运行的航天器。他们的卫星设计既能与人类沟通，也能编译信息周期传回到卫星接收器。由于地球已经变成外星访客的温床，地外卫星访问地球的频率会越来越多。

外星人探测地球，发出对话信号，曾经引起热议，美国神秘的“51 区”就有更多的传说，孰真孰假无从分辨。但是，美国总统竞选人希拉里·克林顿曾在竞选中说过这样一段话：“如果不涉及国家安全问题，我愿意解密政府关于‘51 区’和有关外星生命的信息，公开一切可以公开的档案。”作为曾经的总统夫人能说出这个言论，可见“51 区”的确隐藏着不为人知的关于外太空生命的重大秘密。

从特斯拉公布接收到第一个来自外层空间的无线电信号那天起，人们对外太空的好奇不断增加，世界发达国家纷纷启动对地外空间智慧生命的探索。

外层空间智慧之星，何时与地球人直接对话，这个日子已经离我们不远了。

电动汽车

特斯拉的发明还涉猎到汽车领域，他尤其钟情于电动汽车。

1904 年 12 月 17 日他在写给阿尔伯特·菲尼斯的特别信函中说：

“尊敬的先生，对您昨天的询问，将电力应用于汽车的推进无疑是一个合理的想法。我很高兴地知道利布先生已承诺将其付诸实施。他在通用电气公司的长期经验和其他问题一定使他非常适合这项任务。

“毫无疑问，在这些生产线上可以生产出非常成功的机器。这个领域是用之不竭的，在我看来，这种新型汽车，在原动机和车轮之间引入电力，有着伟大的未来。

“多年来我一直主张这一原则。您可以在我的许多技术出版物中找到这种效果的声明。在 1900 年 6 月的《世纪》一文中，我在谈到这个问题时说：蒸汽动力直接作用于轴，推动着轮船和火车前进。通过使用由专门设计的高压蒸汽或燃气发动机驱动的发电机来代替现在的船用发动机和机车，如此产生的电能、燃料的热能可以更大比例转化为动力能源，通过这种方式从燃料中获得的有效能量可以多 50% 到 100% 的增益。很难理解为什么如此简单明了的事实没有得到工程师们的更多关注。”

特斯拉进一步分析电动汽车的优势，他说：“乍一看，似乎用发动机发电然后通电来转动车轮，而不是通过与发动机的机械连接来转动车轮，这是一个复杂且或多或少是浪费的过程。但事实并非如此，相反，以这种方式使用电能可获得巨大的实际优势。这只是一个时间问题。普通机车通过提供发动机发电，并在车厢下面使用当前的电机，列车可以以更高的速度和更经济的方式驱动。在法国，海尔曼已经做到了这一点，尽管他的机器不是最好的，但他取得的成果是值得称赞和鼓励的。我已经计算出，在速度和经济上的显著增长也可以在远洋轮船上得到保障，因为许多原因，改进是特别值得的。很可能在不久的将来，石油将被用作燃料，这将使新的推进方法更加值得称赞。电力制造公司将很难满足这种对发电机和电动机的新需求。

“在汽车中，几乎没有任何事情是朝着这个方向做的，但是他们似乎为应用这一原则提供了最大的机会。然而，问题是使用哪个电机——直流电机还是我的感应电机。前者在启动和调节方面有一定的偏好，但换向器和电刷在汽车上非常不受欢迎。鉴于此，我主张使用感应电动机作为一个理想的简单机器，永远不会失去秩序。条件很好，因为很低的频率就可以运行，而且可以使用三个以上的相位。这项法规应该不会带来太大的困难，一旦这项新计划中的一辆汽车生产出来，它的优势就很容易得到赞赏。”

当时美国新式汽车研究还处于萌芽阶段，研发者不断钻研新技术，以便更好地为老式机车提供动力。汽车制造商首先选择电力作为替代能源，但当时电池容量极大地限制了电力能源汽车的发展，汽车的造价也比较高。

电动汽车具有许多优点，当驾驶具有电力推进的车辆时，人们会感受到绝对的沉静，甚至没有一丝噪音。

一个人转动钥匙并按下加速器，车辆瞬间移动。没有尖叫的点火，没有噪音转动，没有油泵进入加速器，没有控制火花，点火之前不需要油门耦合。

一个人简单地将点火开关打开，汽车就可以运转了。

第一次世界大战爆发后，战争机器被燃油的内燃机所武装，燃油汽车成为主流。

1931 年初春季节，特斯拉把电动汽车的设计理念和可行性分析讲给乔治·威斯汀豪斯听，并希望他能够找到一个合适汽车生产厂商一起把燃油汽车改装成电动汽车。威斯汀豪斯愿意支持特斯拉，他承诺联系汽车生产商来做一次实验。

在皮尔斯·阿罗和乔治·威斯汀豪斯的资助下，电动汽车选中在纽约州布法罗的一个工厂场地进行实地测试。工人们按照特斯拉的要求，把内燃机拆卸下来，将八十四马力的电动机安装到齿轮和变速箱上。交流电机长一米，直径约一米，电源线留在空中，车辆没有外部电源。

在约定的时间，特斯拉从纽约市抵达布法罗的场地，他检查了皮尔斯箭汽车。然后，他去了一家当地的无线电商店买了一把电线管、电线和电阻器，组装成了一个盒子。特斯拉说，这是他发明的“太空能量接收器”。

然后，特斯拉将箱子放在前排座椅上，并将电缆连接到发动机上。特斯拉走进驾驶座位，启动电机并宣称：“现在我们有了能量。”车子开始向前移动。

全新的皮尔斯箭轿车在交流电动机的驱动下，车辆以每小时九十千米的速度行驶，比当时的任何内燃机都要快。

皮尔斯箭轿车在实验场地没有熄火的情况下运行了一周，没有任何的电能和汽油。布法罗的几家报纸报道了这次测试。

很多汽车行业的资深专家提出了质疑，当被问及能源来自何处时，特斯拉回答说：“来自我们周围的以太。”

但是，没有企业家能够看懂特斯拉电动汽车的未来潜力，也没有投资人对他的发明愿意投资，因为人们不会对空气付费。

电力汽车是特斯拉最伟大的发明之一，那是一台融入了特斯拉从宇宙中提取能源的革命性电动发动机。特斯拉没有为他的电动汽车申请发明专利。特斯拉带走了他的发动机，从此再也没有人了解他的空气能电动汽车的原理和制造工艺。

特斯拉的这一壮举，深深地影响着少年时期的伊隆·马斯克，这也是马斯克创办特斯拉电动汽车公司的原动力。

第九章　沃登克里弗塔

一个崭新的世纪

1900年1月7日，特斯拉离开了科罗拉多斯普林斯，登上了回纽约的火车。他看着窗外，为人类的未来而激动。

特斯拉线圈已经证明是成功的，他可以向全世界免费传输电力和提供通信。

“我可分开原子而不需要消耗任何能量。我在科罗拉多的研究十分精彩，它意味着以前做梦都不敢想的事情完全有可能实现。当我将心中的庞大计划付诸实践之时，是多么激动人心。”

在科罗拉多的实验，为特斯拉下一个计划——建立一个无线能量发射设施，也就是即将出现的沃登克里弗塔提供了准备。

特斯拉回到纽约时，已经是一个崭新的世纪。电力正驱动着这座都市快速发展，人们也都开始谈论新的时髦话题：无线电。

马可尼也于1900年来到纽约，游说投资人入伙他的新公司：马可尼美国公司。

马可尼向美国专利局提交了自己的无线电申请但被驳回，因为它的设计与特斯拉过于相似。美国专利局给的回复，很明确："对于马可尼，事情已经很清楚了。对于其他竞争者也是一样，那就是：特斯拉的系统是完善的、强劲的、可操作的无线电通信系统。"

1900年，在争夺长距离无线电传输的比赛中，马可尼渐占上风。爱迪生操纵媒体对马可尼大肆宣扬。

特斯拉公开宣布一项计划，准备在他设在曼哈顿的办公室里，通过无线电控制系统遥控巴黎博览会上的一艘机器人自动船!

1900年春，特斯拉和罗伯特·恩德伍德·约翰逊看到F. P. 华登有限公司在报纸上登出一则广告："生财有道……马可尼股票胜过你自己的双手劳动，保证你多赚100%—1000%！"

英国马可尼公司的股票原来是三美元，而现在涨到二十二美元。

特斯拉确信马可尼盗取了他的专利，准备对他起诉。他读到广告的最后几句话："马可尼系统受到安德鲁·卡内基和托马斯·爱迪生这些名人的称道，受到全世界新闻界的赞扬。爱迪生、卡内基和普平同是马可尼美国公司的顾问工程师。"

原来如此——他们三人串通一气盗窃了他的无线电

发明！

特斯拉不失幽默地对约翰逊说："我不在乎他们偷了我的想法。我关心的是他们没有自己的。"

几天后，特斯拉给约翰逊写了一封信，说他要打一场官司，他对争回赔偿一事满怀信心。

他在信中写道："看过随信附寄的广告，我感到十分高兴，因为我从中得知，安德鲁·卡内基罪责难逃。赔偿损失，正好拿他是问，我的股票就要看涨！"

特斯拉相信，他已站在一项革命性技术的最前沿。根据自己在科罗拉多的试验，他立即申请登记无线电和输送电力的新专利。

1900年6月，《世纪》杂志发表了特斯拉关于未来新能源和技术的文章。

他为这篇文章取的题目，有着跨越百年的远见：《不断增长的人类能源问题》。

"首先，让我们自问：是什么力量在驱动万物运转？只有一个来源：我们的太阳……"

他送给世界一份礼物——太阳能，他已经"开发利用了太阳光线"，他将使太阳光推动机器，用它发出光和热。他还发现了用太阳光生产蒸汽的方法，让这些蒸汽推动蒸汽机，然后生产出电力……

特斯拉说，他的太阳能发动机，结构十分简单。他不想把原理讲出来，他担心那些唯利是图的人会抢先申请专利，将这个发明控制起来，他要把这个发明，作为一份免费礼物献给世界。

特斯拉说，他发明这样简单的系统，准会遭到煤矿家们的嘲笑。但是，用这种方法来生产，电力的成本很低，而且他相信，改进和制成一种蓄电池来储存一整年用的电力，以备发电设备发生事故时使用，是轻而易举的事情。

他宣称，这种系统“比现在省事多了。现在人们千辛万苦，甚至不惜冒着生命危险挖一个坑钻到地底下，刨出几把煤，让发电机转上一阵子，然后又继续钻进钻出，再挖出一些煤”。

他希望看到他的太阳能发电机不但取代煤，而且取代木材，取代动力、光和热等。

在这篇充满细节的未来预言中，他描述了一种用天线接收太阳能的手段，并称未来人们能够通过电能控制天气变化，所有的国家，将被纳入到一个全球广播系统。

当无线电技术充分普及时，地球将成为一个智慧集合体，能对其中的所有部分做出回应。

这篇文章表明，特斯拉是以全球观来考虑人类的未来。

回到纽约，他立刻给乔治·威斯汀豪斯写信，他知道，威斯汀豪斯手下的工程技术人员能提供他所需要的机器。

在此期间，乔治·谢尔弗通知他说，他的银行账目情况相当紧张。他在科罗拉多的8个月时间里总共花了十万美元。

他该找谁帮忙呢？乔治·威斯汀豪斯？阿斯托尔上校？托马斯·福顿·莱思？J.P.摩根？约丹·莫特？

他首先给威斯汀豪斯写信。他信心满满地对威斯汀豪斯陈述，在科罗拉多的试验完全证明，“依照我已经改进完善的机器”，建立沟通地球上任何地点的电报通信，是切实可行的。他要在大西洋两侧各安装一套至少三百马力的发动机和直流发电机，而这些设备费用很大。

“您当然知道，”他透露自己的隐衷，“依我的考虑，建立这样的通信只不过是第一步。它是为开展下一步更为重要的工作做准备，就是输送电力。但是，输送电力的工程规模很大，费用也高得多，所以我只好先搞通信，以便取得投资人的信任……”他还以他的英国专利权税作保证金，希望威斯汀豪斯投资。

但是，威斯汀豪斯在艰险的金融世界里饱尝辛酸，不愿再次冒险。他让特斯拉去找那些想找机会出名的投资人，从他们那里寻求资金帮助。

金融巨头 J. P. 摩根

1900 年 1 月，特斯拉回到纽约后，一直在找投资人。一年来，一直没有找到。被威斯汀豪斯回绝后，再难找到别的投资人。

万不得已，特斯拉不得不向资金雄厚的 J. P. 摩根求助。

十九世纪后期，J. P. 摩根通过一系列金融资本与工业资本的垄断，建成了一个庞大的金融帝国。

1900 年 11 月 26 日，特斯拉给摩根发出第一封信。

亲爱的摩根先生：

自上周五以来，当我将我的项目提交您关注时，我仔细考虑了事实和特征，这些事实和特征在我看来是必不可少的，并简要说明：

第一，我成功地完善了无线远程传输的方法和设备，可以在没有电线的情况下将信息传输到任何距离，并制出长距离的传输电缆。这些发明使高达一亿伏电压的生产和安全操纵以及通过数十万马力速率测量的电能移动变得容易实现，这些能够在地球的任何一点使用仪器，与发射站有多远无关。

对这种设备的长期实践经验以及近七百千米范围内的精确测量，使我能够在大西洋上建立这样的电报通信工具，并保证它的成功。

第二，我已经设计了有选择地操作大量仪器而不会相互干扰的方法，并且可以保证所有消息的绝对保密。

第三，我在使用这些方法和设备中已经获得了发明权，并授予在该项目中使用专利。

第四，我可以自由而不受阻碍地与您就这些发明达成协议，以及我未来在这个领域的其他发明，正如您所希望的那样。

第五，在您同意的情况下，我希望与任何可能最终为上述目的而成立的公司确定我的名字。

第六，虽然这些发明的开发耗费了我多年的努力，但我知道我必须与一个伟大的人打交道，我毫不犹豫地将我的利益和补偿的分配完全留给您。

第七，首要的是提供一项基金，用于支付跨大西洋或跨太平洋通信建设两座工厂的费用。

第八，对于临时建筑物，前者将涉及大约十万美元的支出，后者大约为二十五万美元。

第九，大西洋工厂的工作能力至少等于目前四条电缆的工作能力，太平洋工厂将完成超过八条跨太平洋电缆的工作。

第十，建造前者需要六至八个月，后者可在一年内确定工作。

希望为了我们共同的利益，您能认真考虑这个项目。我的发明很容易实现这个项目。

非常敬重您的

特斯拉

特斯拉在写给摩根的第一封信中，披露了关于海外无线通信的部分计划。他没有透露他的主要目标：无线传输电力。

摩根没有立即作出反应。

12 月 12 日，特斯拉给摩根又写了一封信：

亲爱的摩根先生：

第一，前几天您作了一个简单的评论，表明您对报纸的报道印象深刻，但实际上没有任何依据，我在这里引用德国枢密院议员 A. 司来贝教授的来信说：

我这一段时间以来一直致力于无线电报的调查，您首先以如此清晰和精确的方式建立起来的无线通信系统，使我非常兴奋。

第二，请您记住，如果您在这个仍处于初始的阶段拥有我的专利，您是否应该抓住它们，您会由于多种原因，发现由贝尔电话发明的所有者，或我在交流电力传输中那些人所持有的位置是非常重要的。

第三，我不仅获得了对系统基本特征和要素的多项发明的权利，而且我还为生产强大振荡的方法和设备提供了专利，这些方法和设备通常以我的名字命名，并且没有它，无线传输到很远的距离是不切实际的。

我引用我的朋友，开尔文勋爵和威廉克鲁克斯爵士，证实我陈述的必要性。前者说："这是感应线圈的一个很好的发展，注定非常重要。"后者说："您机器的性能非常好。"

第四，通过我发明的新颖的接收和个性化信息的方法，用户会更加安全，现在还没有人知道这些信息，并且同样获得专利。

第五，此外，我已获得完全不同性质的改进权，适用于任何条件下的改进，我将提供一项足以排除竞争的设计。

第六，我已经获得了一些科学发现，这些发现本身在远距离的无线传输中具有超然的优越性，我注重这些发现，并提供这种前所未有的商业开发机会，值得您最充分的关注。

第七，您通过多年的了解和观察，大致知道电子振动实验使我积累了丰富的经验和能力，我的同事会给您作证。

第八，除了在这个国家以外，我在英格兰、新南威尔士、奥地利、匈牙利、德国、法国、意大利、比利时、俄罗斯和瑞士都在申请发明专利保护自己，尽管不是那么完整。

第九，鉴于这一领域的激烈竞争，我应该毫不拖延地利用我的先进知识和专利，使其尽早地实现我们既定的目标。

第十，在进一步允许我提醒您之前，世界上只有胆怯的人，才不会关心新事物。

第十一，拉斐尔无法创造他的奇迹，哥伦布无法发现美国大陆，大西洋电缆无法铺设，您应该成为勇敢地走近这个宏伟目标的人，这样才能通过您卓越的洞察力，以及向人类推进不可估量价值的愿望，来实现无线通信的伟大梦想。

第十二，关于财务问题，我的这些发明，只有通过您自己的投入才能实现最终结果。现在我唯一能够完成的是，在您强有力的手中，凭借您丰富的知识和对业务的掌握，会值得拥有无法估量的收益。

我在上一封信中表达了项目的控制是您的，未来更大部分的收益也是您的。

第十三，关于您对英格兰事态的评论，邮政局接受赫兹系统，顺便说一下，由于它不允许远距离传输和选择性信号传输，因此没有实际价值。但如果政府采取某些修改，这些修改是对我的系统的侵犯，我将再次处于有利地位。但是，我有来自英格兰、法国和比利时的保证，放置和操作我的设备，我都会毫无困难。

我会以我的职业和我自己慷慨的名义感谢您！我的作品将向世界大声宣告您的名字！您很快就会看到，我不仅能够深深体会到您行动的高贵，而且能够做出您慈善的投资，相当于您以这种宽宏大量的方式付出的数百倍的金额！

我心中有许多许多愿望，为了您的幸福和福利，最让我感激的是您。

非常尊重您的

特斯拉

1901年2月15日，特斯拉收到J. P. 摩根合伙人的回信。

亲爱的特斯拉先生：

我附上一个草案，我认为该草案涵盖了您与摩根先生谈过的安排。

对各种专利的51%利益的转让，他可以通过信函确认理解，并完成安排。

我向摩根先生展示了这一点，他认为这是可行的。

您真诚的

查尔斯·斯蒂尔

1901年3月1日，特斯拉给摩根回信。

亲爱的先生：

几年来，我一直致力于完善电气照明系统，并进行有关无线电报和电话的调研，我已经就这些方面作了一些发现和发明，我在美国和国外都已经获得了专利。

我现在急于构建必要的设备，以便将我的发现和发明付诸实践。

为此，我希望获得十五万美元的投资。

我同意，如果您向我提供这笔款项，我将在所有上述专利和发明以及我在电灯照明有关或以任何方式有用的专利或发明中，转让给您51％无线电报或电话的股权。

在此，我将按附表所列专利指定的51％的股权转让给您，请见附件里的专利。

电气照明相关或有用的发明的任何进一步的专利，无线电报或电话应由我担保，我立即同意给您51％的利息。

请您通过信函确认。

非常尊敬您的

尼古拉·特斯拉

1901年3月4日，特斯拉收到回信。

亲爱的特斯拉先生：

我已与摩根先生谈过您的信件，他很满意地填写了15万美元款项的支票。

您是否愿意在这封信上签字，摩根先生将立即确认。

您忠诚的

查尔斯·斯蒂尔

1901年3月5日，特斯拉给摩根和斯蒂尔回信。

亲爱的斯蒂尔先生：

我将正式信函转交给摩根先生，并按要求填写与签字。

在此，我会更新我的保证，并希望在一个不远的时间里，我可以证明自己值得他对我的信任。

我认为我的无线能源传输方法和设备的基础专利是现代最有价值的专利，也是我的照明系统重要的一部分。

我深信，它是最重要的进步之一，具有巨大的商业潜质。

您真诚的

特斯拉

尼古拉·特斯拉与J.P.摩根之间的部分信件往来，是首次向世界披露。2005年，特斯拉与摩根的通信准备出版，但是美国驻塞尔维亚大使馆告知特斯拉博物馆馆长维拉迪米尔·杰伦科维奇不要发表。因此，已经准备好的书信集也只好停印。

这次首次发表，是要还原特斯拉与摩根之间交集的事实真相，告诉人们特斯拉为发明而呕心沥血的艰辛历程。

特斯拉的世界系统

1901年3月，摩根与特斯拉达成了协议。根据协议，特斯拉获得了十五万美元用于建立跨大西洋信息传输系统，摩根作为回报，确立了他对特斯拉公司51%股份的控制权。

资金有了着落，特斯拉便着手寻找修建发射塔的地方。萨福克县土地公司董事长兼经理詹姆士·D. 沃登，在长岛有大量土地，他答应将肖翰姆小镇拨给特斯拉。

肖翰姆小镇，离布鲁克林六十五千米。北邻长岛湾，东距欧洲方向的大西洋不过几十千米。这儿环境偏僻幽静，地域十分开阔，是特斯拉进行无线发射实验的最佳位置。特斯拉将这个地方命名为“沃登克里弗”。

特斯拉原本想修建两座塔，但他最后还是选择修建单独一座高达一百八十七米的塔。塔的内部是一根很长的钢轴，深深打入地下一百二十米。环绕轴的四周，是一座镶上木板的井筒，其断面面积为十二平方米，有环形梯可供上下。按照设计，钢轴可通过空气压力向上提升，直至接触塔顶平台。无论从构思上还是实际应用上看，沃登克里弗都堪称美国电气工程黄金时代一座空前绝后的里程碑。

这是座六十米高的木结构巨塔，由著名建筑师斯坦福·怀特设计。怀特参与设计了波士顿公共图书馆、旧麦迪逊广场花园，华盛顿拱门（纽约市）以及许多其他建筑物及纪念馆。

“守望之塔”的圆木杆凌空直上，越来越高。沃登克里弗塔就要矗立起来了。塔的顶端有一个直径六十八米的球形框架的发电站。

这些尺寸适合任何级别能量的传输。刚开始只用了两百至三百千瓦的功率，但特斯拉打算以后增加到几千匹马力。这个发射机发射的是具有特殊性质的综合波，他已经研究了一种用电话控制能量的特殊方法。

山脚下将耸立起一座全球通信中心，一座足可输出一千万马力“交流电流”的“特斯拉线圈”，可以从一个广播站向全球无线电传输、发射、接收无线电信号。特斯拉兴奋的心情无以言表。

记者们蜂拥而至，纷纷报道特斯拉的宏伟计划：脚下将耸立起一座全球通信中心，一座足可输出一千万马力“交流电流”的“特斯拉线圈”，可以从一个广播站向全球无线电传输、发射、接收无线电信号。

特斯拉对记者们说：“当无线可以被完美地应用的时候，

地球就变成了一个巨大的大脑，本质上，所有的事物都是真实而富于韵律的整体（一致性），我们可以无视距离阻隔彼此间即时通讯，不仅仅如此，即使相隔万里，我们还可以通过电视、电话看见听见彼此，就像我们面对面交谈一样完美，我们实现这种设想的采用设备与现在的电话相比也会惊人的简单，它甚至可以放在背心口袋里。”

特斯拉向记者们介绍了将要拔地而起的沃登克里弗塔。“沃登克里弗塔，将建立新的世界系统。沃登克里弗塔，是经过长期持续的研究和实验获得的几项独创性发现的综合成果。”

“世界系统”是基于以下重大发明和发现的应用：

1. 特斯拉变压器：发明家凭借这个装置所生成的电流是普通装置的数万倍，并产生了一百多米的电火花。

2. 放大发射机：这种为了激发地球电磁场而创造的用于电能传输的特殊变压器，是特斯拉最伟大的发明。凭借这个奇妙的装置，特斯拉已经实现了一种强度胜于闪电的电力效应，通过的电流足以点亮世界各地的白炽灯。

3. 特斯拉无线系统：这个系统涵盖了一系列的新技术，是唯一利用无线和低成本远距离传输电能的方式。通过在科罗拉多实验站里的仔细研究和测量，已经证明了任何规模的能量该系统都可以传输，并且损失不超过几个百分点。

4. 个性化艺术：特斯拉这项发明使信号或信息传输绝对保密，信号的传输绝无干扰。每个信号都像是一个身份明确的人，在没有丝毫相互干扰的情况下，可以不限数量地同时操作信号站和设备。

5. 陆地驻波：这项伟大的发现意味着地球会对有限波长的电力振动作出反应，好比音叉对音波作出的反应。这些特殊的电力振动，能有力地激发地球的电磁场，对商业和其他很多领域产生积极的作用。

“无线系统的出现，”特斯拉说，“几乎消除了距离的概念。因此，电力技术的创新给人类带来的利益远远超越了以往的任何科学发现。因为很大程度上，人类的痛苦都源于空间的阻隔，它造成了国家和个人之间无法亲密接触。”

沃登克里弗塔，不但能使传递到世界各地的任何类型的信号、信息、文字实现瞬时精确无线传输，还能在不改动当前设备的条件下，连接现有电报、电话和其他信号站。

特斯拉描述说，一位电话用户可以利用它呼叫地球上其他任一位电话用户，它的接收器与手表大小差不多；使用者无论是在陆地还是海上，或在地球的任何地方，都能收听任何距离之外的演讲或音乐会。

这项伟大的科学进步使距离不再是障碍，地球这个完美的天然导体将发挥它无限的用途，而这一切只需要一根天线即可实现。因此，通过这种理想的传输方式，不仅可以开发全新的商业领域，还能大大扩展传统应用。

特斯拉设想，第一个“世界系统”的电站能在九个月内启动运行。这个无线传输系统电站可以实现一千万马力的功率，能以低廉的费用为尽可能多的技术项目服务，其中包括：

在世界各地建立电报站和中心之间的连接；组织国家电报服务没有干扰的可能性；建立电话中心或国家站之间的连接；通过电报和电话联合传播共同公报新闻；以“全球系统”原则组织服务，传输私人信息；建立世界上所有电报系统的互连；通过该系统组织音乐发行服务；统一的定时时钟，通过手表记录时间；无论是在机器上打字还是手工书写的世界各地的标志、字母、声音信号等的传输；组织全球服务，满足商业海洋无罗盘航行，有助于确定位置和速度，防止碰撞和事故等；全球传真系统，无论在陆地上还是海上；复制照片和各种图画或手写文本，将它们发送到世界各地。

第二天，美国报纸所有头条，都是“特斯拉的世界系统”。

被剽窃的代价

1901 年底，沃登克里弗塔已近尾声的时候，世界报纸、期刊争相报道一条新闻：12 月 8 日，马可尼将“S”字母的信号，从康沃尔越过大西洋发往纽芬兰。

摩根大为惊异，认为既然马可尼已经能发送信号，那么特斯拉修建的沃登克里弗塔就大可不必了。

世人并不了解，1897 年特斯拉就已获得了无线电技术的专利。1900 年，马可尼在向美国专利局提交他的无线电专利申请时遭到了拒绝，因为它与特斯拉的发明太相似了。马可尼并不气馁，开办了自己的公司，并拥有安德鲁·卡内基和托马斯·爱迪生这样强大的支持者。

爱迪生贿赂了美国专利局官员，把特斯拉无线电专利的装置、图纸及系统操作细节交给爱迪生，爱迪生交给马可尼，就这样，马可尼顺利地剽窃到了特斯拉的无线电专利。

1901 年，马可尼采用了特斯拉的十七项专利，其中包括特斯拉振荡器，因而他才能跨越大西洋传送信号。

特斯拉痛斥这种“波吉亚—梅迪契式的手段”。当时，大多数科学家尚且感到无线电技术神秘莫测，更何况普通人呢？

事实上，特斯拉没有把马可尼的剽窃放在眼里，因为，他建沃登克里弗塔的真正目的，远远超越了发射无线电信号，他在建立工业级的无线传输系统，他沉浸于正在从长岛的农田上拔地而起的雄伟壮丽的迷人工程。

1902年6月，特斯拉将实验室从休斯顿街移到了沃登克里弗塔。他住在工地附近一家私宅里，亲自照管这项工程。

每到夜晚，巨塔顶部就放射出电光，照亮整个地区。“这种级别的工程，接受越洋无线电信号是毫无问题的。”

早在1891年，特斯拉成功试验了把电力以无线能量传输的形式送到目标用电器之后，就致力于商业化的洲际电力无线输送。

1899年在科罗拉多建造的放大发射机是沃登克里弗塔的前身。沃登克里弗塔可以向全世界免费传输电力和提供通信。特斯拉在长岛建造沃登克里弗塔，用它来验证这一预言。

而今，沃登克里弗塔，就要矗立起来了。

特斯拉请无线电工程师弗里茨·洛文斯坦返美，不久洛文斯坦就加入了沃登克里弗塔的建设队伍。另外一位曾为爱迪生工作的著名工程师H.奥蒂斯·邦特，也前来帮助修建。

很多年以后，邦特说他不同意历史上对爱迪生和特斯拉

沃登克里弗塔效果图

两位发明家的评价。他说，爱迪生是“美国前所未有的最伟大的实验家，但是我认为他够不上一位创造发明家”。他认为，特斯拉“是自古以来最伟大的发明天才”。

邦特经常陪特斯拉散步。1901 年 12 月，在马可尼第一次发送跨越大西洋的信号那一天，他们俩正在海边散步。邦特说：“看样子马可尼是抢在您前头了。”

“他已经盗用了我十七项专利了。”特斯拉淡然地说，“马可尼是个傻小子，让他继续干吧。”

邦特问："您不介意吗？"

特斯拉说："开始时也介意。但转念一想，我什么也没有失去，无非是无偿给他使用我的专利而已。这些专利，不是给他，而是给人类的。"

1902年，赫赫有名的英国开尔文勋爵访问美国。开尔文勋爵在两个有争论的问题上同特斯拉看法完全一致：一是火星给美国发来了信号，二是节约非再生能源对全世界关系重大。

开尔文也像特斯拉一样，认为应当开发风力和太阳能，节约煤、石油和木材。他宣称：应当尽快在房顶上安装风力机，用它来带动升降机和抽水，夏天给屋里降温，冬天给屋子采暖。而爱迪生认为，发生资源短缺的灾难日至少要"超过五万年"之后，他的理由是：光南美洲的森林就够作为劈柴烧五万年。

特斯拉认为地球的资源消耗得太快，并一直提倡人类应该使用可再生能源，而这些能源从身边就可以轻松获得。开尔文勋爵非常认同特斯拉的倡导。

开尔文高度赞扬特斯拉为美国的"科学先知"，这对特斯拉心灵是一种巨大的安慰。

1903年，马可尼已成为世界各地的英雄人物。相比之下，特斯拉的美好憧憬，似乎显得虚无缥缈。

1903年2月,《电气时代》刊载了一篇批评文章——《尼古拉·特斯拉——他的大业和未竟宏图》。

作者写道:“十年之前,特斯拉曾是最有大志的电学家。而今天,听到他的名字却叫人遗憾,这番大志全部落空了。他曾经取得过辉煌的胜利,但是……现在他会开始懂得,凡人的记性是多么短暂啊。”

1903年春天,当特斯拉回到长岛时,正赶上要把重五十五吨、直径六十八米的圆穹框架装到塔顶上。按照计划,在圆穹表面要铺一层铜板,做成一个绝缘球体,但是并没有实现。

谢尔弗提醒他,资金已基本亏空,贷款人都很着急,即使摩根把剩余的投资尾款全送来,也不足以付清现欠的账单。而特斯拉觉得,摩根拥有足以左右整个国民经济的巨大权力,他在很大程度上对费用的上涨负有责任。

1903年4月8日,特斯拉给摩根写了一封信:“您在工业世界里掀起轩然大波,其中一些浪头也冲击到了我的这艘小船。结果物价比过去上涨了一倍,也许是两倍……”

摩根的资本仍然主要投放在铁路上,他不同意进一步提供资金给特斯拉。

过了两个星期,特斯拉再次写信给他:“爱迪生、马可尼、普平、弗列明和别的许多人公开嘲笑我的事业,声称我不可能成功。但是,您给了我高尚的帮助……”

摩根早已权衡过他的投资收益。马可尼的进度已经达到实用阶段，成本也不高。而特斯拉这边，还看不见眉目。

摩根回信：“如果这是一件好事，为什么摩根没有看到？”

特斯拉开始体会到绝望的痛苦，于是打出他最后一张王牌。他写信给摩根，和盘托出他的真正目标——不只是发射无线电信号，而是要实现无线输送电力。

他向摩根解释：“沃登克里弗塔基座中间安装有一台世界上功率最大的高频共振变压器，用以产生足够高的电压。铁塔顶部半球型圆顶，由两部分组成，底座由粒子发生器构成，半球型护罩内安装放大器，护罩另外一个作用是屏蔽外部闪电对放大器磁场的干扰。当高频共振变压器通电后，产生的高频电压经由粒子发生器激发出能量极高的 X 射线，X 射线经由放大器偏转聚拢，使其单位横截面积内的 X 射线能量密度急剧增加，经由半球型圆顶顶部的小孔直穿电离层。

沃登克里弗塔可以发射出强大的能量密度极高的 X 射线击穿空气，使空气发生电离。在电离层与地面之间电势差的作用下，巨量的电能从这个‘导线’引至地面。距地面 50 公里的电离层与铁塔之间建立起能够传递电流的‘稳定导线’。控制电离层电流流向地面强弱的方式是增加或减小 X 射线的能量强度，X 射线能量越弱，被电离的气体分子越少，电阻变大，电流减小；X 射线能量越大，被电离的气体分子越多，传递电流的能力越强。”

“我正在努力，并一定可以最终完成的，摩根先生，不单单是无线电通信那么简单，而是全球范围内的无线输电系统！

想想看，一个一百马力的发电机，就能驱动成千上万的设备运转!

“如果我早先把这事告诉您，您肯定会将我从办公室里轰出来……请您帮助我，否则我们已经接近完成的浩大工程，就要功亏一篑……

“我求求您考虑这项工作的完成对我和世界意味着什么，并以您崇高的宽宏大量的方式采取相应的行动。您已经帮助过我，我对此深表感激。”

但是摩根是务实的，他已经决定倒向支持马可尼。过了11天，特斯拉才见到摩根的复信。

亲爱的特斯拉先生：

我已收到您12月13日的来信，我的回复是：我不会再向您的项目追加任何投资。

您真挚的

J.P. 摩根

现代朱庇特神

特斯拉在收到摩根的亲笔信后，一气之下，当天晚上效仿朱庇特神，跑到塔上发射出巨大的人造闪电，夜空亮如白昼。

周围居民惊讶地看到，夺目的光芒从圆球形穹顶上喷射而出，巨塔的四周散发出蓝色光芒，就像极光一样，时断时续地照亮了几百千米半径范围以内的夜空。

这些光芒好似在说：好好瞧一瞧，约翰·皮尔庞特·摩根！

此时，站在塔上的特斯拉，就像普罗米修斯。宙斯禁止人类用火，普罗米修斯看到人类的困苦，帮人类从奥林帕斯偷取了火，因此触怒了宙斯。宙斯将他锁在高加索山的悬崖上，每天派一只鹰去吃他的肝，又让他的肝每天重新长上，使他日日承受被恶鹰啄食肝脏的痛苦。

特斯拉就像普罗米修斯，把能量转换成电力，传遍整个地球。

特斯拉掌握了只有希腊神话中的神才能拥有的雷电，一心想将其变成人类都能享用的能源。此刻，他像普罗米修斯一样，悲剧性地伫立在塔上。

1903 年 7 月几个夜晚，沃登克里弗塔制造出了几百千米半径范围的人造闪电，点亮了整个天空。

记者们纷纷涌到现场，但都被赶开了。

《纽约太阳时报》报道说："特斯拉的电光惊心动魄，但是他不愿说出他在沃登克里弗塔试验着什么。周围的居民……如醉如痴地观赏夜间从高塔上散发出来的电光：尼古拉·特斯拉正在进行无线电报和无线电话试验。"

特斯拉在会见记者时说："昨天夜晚（7 月 15 日），从高塔和天线上迸射出形形色色的闪电。有一阵子，满天划过一道道炫目的电光，就像遵从一道神秘的旨意，笔直射向夜空。住在附近的居民，只要他们没有入睡，就会看到更为稀奇的事情。总有一天，但不是现在，我要公开宣布我连做梦也不敢想的事情！"

他失望地对记者叹息道："我只不过是一个被赋予了运动、情感和思想的'宇宙力机器'。多少人嘲讽我是个空想家，他们都是头脑最愚笨，目光最短浅的蠢才，还是让时间来说话吧！"

那几年里，特斯拉共给摩根写过五十多封信，请求摩根继续资助他，但他并没有得到回应。

1903年，特斯拉在无奈中陷入了财政危机。

特斯拉仿佛是普罗米修斯在人间的化身。希腊之神普罗米修斯，为人类带来火种，作为惩罚他被铁链锁在岩石上、肝脏被老鹰日日啄食。

特斯拉为地球带来了光明，但一贫如洗，孤寂终生。

债，像沃登克里弗塔一样高

1903 年秋天，沃登克里弗塔工程还没有竣工，美国发生了“富人大恐慌”，筹集资金的希望越来越渺茫。

特斯拉在朋友的帮助下，加倍努力集资。

霍布森海军上尉打通各方面关系，千方百计让海军部购买机器人自动船。霍布森在 1898 年看过特斯拉的无线电控制船舶和鱼雷，他鼓励特斯拉到布法罗的海军展览会上展出，而且四处张罗，要使这位发明家不至于遇到“普通的手续麻烦”。但计划最终还是落空了。

霍布森海军上尉说，海军内部为特斯拉的无线电展品争执不下。他说，这是一种由来已久的长期不和，与特斯拉的发明没有直接关系，主要是由两位高级官员之间的矛盾引起的，结果却把特斯拉筹集资金的路给堵死了。

特斯拉去找托马斯·福顿·莱恩，终于得到了一小笔补充资金。但是这笔钱全部用来偿还现有的债主了，特斯拉拖欠他们的债务已经堆积到像沃登克里弗塔一样高了。

特斯拉自己心里明白困难何在。“我的敌人把我描绘成一位诗人和幻想家，果然十分贴切。这样一来，我就万分需要拿出一些实际的东西来，容不得丝毫迟缓。”

在此后的岁月里，特斯拉肩负着债务的重担，迈着艰难的步履，千方百计想闯出一条路，将他的发明投入使用。

特斯拉的医疗振荡器，日益受到人们的重视。全国各地的医生和教授都给他打电话，不断有人找他要这类高额医疗器。

助手谢尔弗告诉特斯拉，只要有两万五千美元投资，他就可以轻而易举地在医疗器械方面做成一笔好买卖。他预计很快就可以赢得十二万五千美元的利润，这和摩根给沃登克里弗塔的总投资几乎相等。

特斯拉说：“如果我是为了挣钱，我早就去做赚钱的生意了。但我知道我的使命，我来到这个世上，是为了人类而来的，而不是为了我自己。即使最后，我一贫如洗，但至少在我活着的每一天，我没有放弃过这个使命。”

特斯拉要把沃登克里弗塔工程继续进行下去。主要的人手，仍忙于制造和装配新式装置，吹造玻璃真空管，并进行蒸汽发动机试车的例行工作。蒸汽发动机试车工作时冷时热，到1903年7月，因煤钱支付不起，工作人员只得停下来。

当沃登克里弗塔发电机的用煤问题又可以解决时，特斯拉给谢尔弗打了个电话，要求周末开炉试车，自己也乘火车前来长岛。“困难和危险发展到了顶点，用煤问题仍然亟待解决。沃登克里弗塔的幽灵缠住我不放……什么时候是尽头？”

谢尔弗同时也兼任其他公司的财务师，一有办法，他就借给特斯拉小笔款项。后来多罗蒂·F.斯凯丽特核实了一份材料，发现这些年谢尔弗大概总共借给特斯拉四万美元。她说："看来谢尔弗先生让特斯拉给迷住了。"

1905年7月18日深夜，特斯拉因为没有得到谢尔弗的音信而十分焦急，提笔给他写信："最近几天，无论白日还是夜晚，着实叫我感到可怕。"

他提到一种莫名的疾病，吐露出自己的隐衷。"我多么希望我能待在沃登克里弗塔，置身于一片洋葱和小萝卜菜地当中。心烦到了极点！只要事情准备好了，我就出来。我们一定要做出好得多的成绩来。"

没几天，他又写信谈到他对材料的忧虑："我坦率告诉您，这周情况看来很糟，除非L.先生实践他的诺言……我有过好些机会和许多希望，但是我却经常受骗，我感到悲观了。"

整个冬季，特斯拉都在为沃登克里弗塔工程忧心如焚，不知这种磨难何日是尽头。

他给谢尔弗写信谈起金钱问题："烦恼接着烦恼，老是没完没了地缠着我不放。波特·杰斐逊银行又要催利息了，他们估计我能凑到利钱了。"

不久，他向谢尔弗发来振奋人心的消息。他和弗里克先生见了一面。弗克里是一位工业家，也是一名喜欢艺术品收藏的暴发户，他自十九世纪八十年代成为卡内基钢铁公司托拉斯经理之后，使他手下工厂的规模扩大了一倍。眼下他又在打算进行新的投资了。

特斯拉在给谢尔弗的信中流露出一种乐观心情："烦恼不少，但进展也颇叫人高兴。我与弗里克先生进行了很有希望的交谈，现在我充满最后一线希望，他会提供我目前急需的资金。"

和弗里克进行了"很有希望"的交谈之后，特斯拉再次告诉谢尔弗一个坏消息：谈判最后毫无结果。

比起 1905 年，1906 年的情况更加糟糕。连他的老朋友威斯汀豪斯也故意避开他了。特斯拉依然急需威斯汀豪斯为沃登克里弗塔提供机器，这同他需要资金一样紧迫。

于是他向这位工业家写信询问。

"出了什么事情？是什么破坏了我们两人之间的真诚关系？我感到太遗憾了。

无线输送电力，很快就会引起一场工业革命，一场世界上从未有过的革命。除您之外，有谁能对这一伟大发展做出更大贡献，能获得更大的利益？"

威斯汀豪斯知道，要是没有特斯拉的交流电专利，他的公司绝不会像今天这样兴旺发达，可是他没有给特斯拉回信。

谢尔弗来信说，已经答应给的一车煤还未运到，原先计划好的试验只好推迟。他还提到，他正为一家硫磺制造公司每月兼做两天记账工作。这对特斯拉来说是个不好的兆头，因为谢尔弗不久就成了那家公司的正式职工。

更糟的，还在后面。

1906年6月，建筑师斯坦福·怀特遇刺后，沃登克里弗塔停工。

那年秋天，谢尔弗离开了沃登克里弗。然而他还是不停地关照特斯拉的财务，在晚上和周末为他帮忙，而且几乎从来不忘准时把税务申报书整理好。

“世界广播系统”是集特斯拉所有研究之大成的构想。如果成功实现，任何人都能通过极低成本的接收器进行无限传输。这个汇聚现代通信于一身的设想，现在统统虚幻了。

所有工人都走光了。一位看守人留下来看管了一段时间。有时，也有一些好奇的记者和从事研究工作的工程技术人员来到这里，他们经许可爬到塔顶，向远处望去，长岛海峡一览无余。这座塔看上去很轻，一根钉子都不用，甚至立柱和横梁也是用木栓镶嵌的。原先打算在塔顶安装一个覆盖铜板的圆穹，这个计划也取消了，后来特斯拉安装了一个可拆卸的圆盘，通过它将辐射束射向苍穹。

来访的人发现，实验室里尽是些奇怪复杂的各色装置。除了许多吹制玻璃器皿的设备之外，还有一个完整的机修车间，其中设有八台机床，有X射线装置和各式各样的高频特斯拉线圈，有特斯拉最初制造的一艘用无线电控制的机器人自动船，还有陈列着成千上万只灯泡和灯管的展览台架。里边还设有办公室、图书室、工具室，摆着发电机、变压器以及大量的电线和电缆。

但是看管人一走，窃贼就乘虚而入，砸烂财物，抢走文件资料。纸张被撒得满地皆是，塔内被践踏得乱七八糟。

墙倒众人推。不仅仅是众人，还有威斯汀豪斯。

1912 年，威斯汀豪斯公司的律师，起诉特斯拉，要求他赔偿机器费用。

特斯拉可以想象世上所有人起诉他，却没有想到威斯汀豪斯会起诉他。此时他才看清威斯汀豪斯的忘恩负义，但为时已晚。

特斯拉被传讯到庭，被判罚款两万三千五百美元，以偿付威斯汀豪斯、邱奇以及克尔公司为该项工程提供的机器的费用。留在工地的设备，都被没收来抵押这笔款项。

特斯拉为了维持这些年在华多夫酒家的生活方式，曾将沃登克里弗塔的两笔财产抵押给酒家的老板乔治·波尔特，总共顶替了大约两万美元的欠账。他请求不要对抵押品进行登记，因为他害怕这会破坏他的财政信誉。

1915 年，沃登克里弗塔被法院没收充当抵押。这个项目击垮了特斯拉，他不得不申请破产。

他无力偿还任何款项，只能签字将沃登克里弗塔契约转让给华多夫阿斯托丽亚公司。

这家公司想把他这份奇特的抵押品换成现金，但是在那些日子里，谁也不知道该拿这座世界广播中心废墟怎么办。

1917 年 7 月 4 日，在塔内发生了一起炸药爆炸事件。各家报纸报道说，此次爆炸是由美国政府引起的，目的是防止间谍活动。

事实上，这座塔是根据产权人与纽约斯密莱钢铁公司达成的一项利废合同而加以摧毁的，但是特斯拉不希望透露真正的产权人是谁。而破坏这座塔，只不过是为了从破烂当中捡回几美元。

这座塔，建造得非常牢固，这是设法将它摧毁的人们始料未及的。他们一次又一次地在塔内进行爆炸活动，而这座塔仿佛有什么神秘的力量，立在原地岿然不动。

后来，塔终于倒塌了。除去收集废品所花成本之外，这家公司净赚一千七百五十美元。一位废品收购商曾看到特斯拉的一些笔记，飘散到街上。

最后一次来长岛肖翰姆小镇，想到自己的壮志付诸东流，特斯拉在给谢尔弗的信中写道，“时隔许久之后再次看到这块地方，我没有哭，但我是差不多哭出来了。”

他悲怆地写道，要改变一个发明家的命运，也许最好的办法是，“在当今的世界上，对革命思想或者发明都不要给予赞助和支持，而是在刚刚萌芽的时候，就因为缺乏财力，因为自私自利和因循守旧，因为愚蠢和蒙昧而对其加以压制和摧残；最好任其遭受打击和摧残，让其经受痛苦的考验和磨难，为争取商业生存而殊死搏斗。我们就是如此获得光明的。历史上一切伟大事物，莫不如此蒙受过嘲讽、非难、反对和压制——唯其如此，他们才会在斗争中锻炼坚强，才会有胜利，才显得更加辉煌”。

他在废墟上看见了未来，“由于当下的世界及自然法则，还未对我的项目的到来做好准备，所以它被暂时推迟了。它遥遥领先于这个时代，但是自然法则最终会获胜，我的项目终将成功。”

在往后的人生中，特斯拉从未放弃他的无线电力输送和无线电广播的想法。这不是梦想，“而是科学电气工程上一种简单技艺，只不过耗资太大”。

他认为，人类还没有取得充分进步，还做不到自觉听从“发现家的强烈探索意识”。

沃登克里弗塔倒了，除了特斯拉以及整个社会之外，损失最大的就算摩根了。毫无疑问，他本来可以拥有一座能使用一系列相邻频率通道的广播站，以多通道传输方式进行广播。可惜，他没有这种远见。

特斯拉的无线电力传输系统是现代互联网和通信产业的雏形。他研发的无线通信与传输实现了整体的统一。

苏联早在二十世纪八十年代就建造了一座塔，用于引导风暴产生的电子束，从而分析它们的影响。物理学家列昂尼德和谢尔盖普列汉诺夫研究特斯拉的文件和专利，依照特斯拉的设计原理和想法在撒哈拉沙漠上延长十万公里的太阳能电池板，并在那里建造一座高压工业输电塔。

在俄罗斯，位于莫斯科以西四十千米处的是 High Voltage Marx and Tesla Generators Research Facility，俄罗斯长期以来一直在经济和军事上使用特斯拉技术进行实验，“功率相当于俄罗斯的所有发电设施：包括热电，水电，核能，太阳能和风力发电站。”

然而，到目前为止，这些仅以微秒为单位进行测量。与此同时，俄罗斯科学家进行了其他认真的努力，以重建特斯拉标志性的沃登克里弗塔，使用马克西姆发电机设施。

2018 年，按照特斯拉的沃登克里弗塔的构造原理重新建立起来的特斯拉塔，高高地耸立在美国的得克萨斯州的米尔福德大地上。塔是由 Viziv Technologies LLC 与 Universidad Baylor 联合建造的，旨在商业化一种全新的长距离无线电源供电介质。Viziv 系统使用一种称为 Zenneck 表面波的现象来沿着地球和空气的界面传播电磁波。Viziv 的最终目标是通过使用表面波技术，提供安全、经济、高效，几乎在世界任何地方都能提供电力的能力。它真的能够利用特斯拉的远程无线电力传输技术，给地球带来永不枯竭的能源？

我们期待特斯拉的梦想早一天能够实现。

位于长岛的沃登克里弗塔

位于米尔福德的特斯拉塔

真相终将大白

沃登克里弗塔的坍塌，其原因，最早归溯到1895年3月13日特斯拉实验室的一场大火，马可尼运用特斯拉的无线电信号传输六项原理，把无线电信号发送出去。进而，1901年12月12日，马可尼完全剽窃了特斯拉的无线电发明，将“S”字母的信号，从康沃尔越过大西洋发往纽芬兰，摩根立即撤资，转而投资马可尼，这使得马可尼有足够的资金垄断无线电。

随着沃登克利弗塔一起坍塌的，还有无线电专利。马可尼第一次将信号字母发送到大洋对岸时，公众就已经把无线电发明者的头衔戴在了马可尼的头上。

1896年，马可尼在发送无线电信号一年后，来到伦敦，随身带着一套无线电设备，做了演示试验，在英国申请了无线电的商业专利，并成立了无线电报及讯号有限公司，后更名为马可尼公司。

但是在美国，无线电专利的归属，跌宕起伏。

1900 年 11 月 10 日，马可尼向美国专利局提交无线电专利申请，被驳回，因为细节与特斯拉的发明，如出一辙。

1901 年，马可尼采用了特斯拉的十七项专利，其中包括特斯拉振荡器，因此他才能跨越大西洋传送信号。

然而，1904 年，美国专利局改变态度，撤销了尼古拉・特斯拉在 1897 年申请无线电技术的专利权，转而授予马可尼发明无线电的专利，使他成为无线电的发明者。

这一举动，只因爱迪生及卡耐基是美国马可尼无线电报公司的经济后盾，买通了专利局，偷梁换柱。

1909 年，马可尼获得诺贝尔物理学奖，被誉为“无线电之父”。这让美国物理学界，开始质疑诺贝尔奖。哥伦比亚大学物理学家普平教授，终于为塞尔维亚同乡说了公道话，对记者说，“威廉・马可尼还‘纯粹是个傻小子’，在意大利‘为西格诺・里吉干活’的时候，读了特斯拉无线电的基本规则，在一次试验中，出于好奇将两根电线接在地上，想看看会出现什么情况，结果却产生了无线电波。但他从未充分意识到这件事情的真正意义。”

普平教授反复指出，是特斯拉将他的无线电发明无偿贡献给了人类。

美国物理学家的共识是，“特斯拉和无线电的关系，是互生关系。毫无疑问，特斯拉是最早提出无线通信概念的人，在公开发表和带入实用专利技术阶段，他依然是第一”。

直到 1915 年 8 月，特斯拉才站出来公开起诉美国马可尼无线电公司，起诉马可尼从专利局偷窃自己的无线电装置和图纸，剽窃盗用了他的发明专利。

特斯拉的诉讼律师，在法庭上，陈述了无线电的起源：

1893 年夏，特斯拉在密苏里州的圣路易斯全国电灯联合会做报告，展示了世上第一台高频振荡器 ——无线电发射机，包含电子管发明之前无线电系统的所有基本要素。报告中，他描述并演示了无线电通信的基本原理。

1893 年夏，特斯拉在富兰克林学院全国电灯联合会发表演讲，详细阐述了无线电发送和接收方面的六项基本要求。

1895 年，特斯拉已经准备好发射五十千米距离的无线电信号，但他的实验室却在此之前被烧毁，因此延迟了试验。

1897 年 6 月，特斯拉在哈德逊河船上，成功传送了二十五千米无线电信号。

1897 年 9 月 2 日，特斯拉提交了专利申请。专利的具体步骤很清晰，哪些用于无线输电，哪些用于信号通信，一目了然。专利于 1900 年 3 月 20 日获得批准，编号为 645576 号，早于马可尼的四电路调谐装置。

1900 年，马可尼向美国专利局提交无线电专利申请，遭到了拒绝，因为它与特斯拉的发明，如出一辙。

1901 年，马可尼采用了特斯拉的十七项专利，其中包括特斯拉振荡器，因此他才能跨越大西洋传送信号。

诉讼律师陈述：“1893 年特斯拉绘制的图纸，标志着无线电通信的诞生。应当承认，在这之前赫兹已进行过很有见地的理论和实验研究 工作，证明了火花隙放电在一定距离之外的作用。但是，特斯拉的发现比马可尼发明并实际演示无线电早上好几年。”

美国马可尼无线电公司，组织起强大的律师团，出庭反诉特斯拉。

不幸的是，特斯拉那时太贫困，生存压力使他难以喘息，连律师费都付不起，无法与大公司的律师团对抗。

最终，特斯拉放弃了法律诉讼。特斯拉撤诉后，马可尼成了胜诉方。

走出法院大楼，特斯拉看着天空，对自己的律师说：“我相信无线世界里的一切，都是公平的。未来终将真相大白。”

特斯拉眼中噙满泪水，脸上却带着一丝微笑。

无线电的发明者到底是谁，一直是争议性的问题。这场持续了几十年的大论战，直到 1943 年才尘埃落定。

1943 年 6 月 21 日，特斯拉去世后不久，美国最高法院推翻了马可尼享有无线电发明专利的原判，美国最高法院裁定：尼古拉 · 特斯拉提出的基本无线电专利早于其他竞争者，无线电专利发明人是尼古拉 · 特斯拉。

美国最高法院大厅里，“回荡”着特斯拉孤独的声音。

“我相信无线世界里的一切，都是公平的。未来终将真相大白。当下是他们的，而我致力于研究的未来，是我的。”

第十章　神奇的军事发明

发明涡轮机

1906年初，特斯拉就要五十岁了。他经过许多次实验之后，终于制成了第一台涡轮机的模型。这让他想起了青年时期他对直流电机在运行中发生损耗而找出解决方法的经历。

特斯拉说："重构直流电机，去掉机械零件中的金属互相摩擦的部件，取而代之的是一个金属的内筒，由外圈输送电流，将外圈和内筒变成磁铁，两块磁铁的互相作用，使得内圈在转动的同时不与外圈摩擦。"

这就如同一个旋转木马，你想把轮盘转起来，在转盘上要固定一个柱子，只有抓住柱子，然后朝一个方向推动它，等到柱子下一次又转过来的时候，再次抓住柱子并把它推出去，轮盘的转动就会不停地受到推力而运转。所以，把这个柱子想象成圆筒中的电磁铁，而推手就是外围的磁铁，必须算好抓握的时机，这就是交流电的工作原理。这样的电机没有火花，没有异味，没有损耗，只是按照设计的要求进行运作。这是何等的惬意！

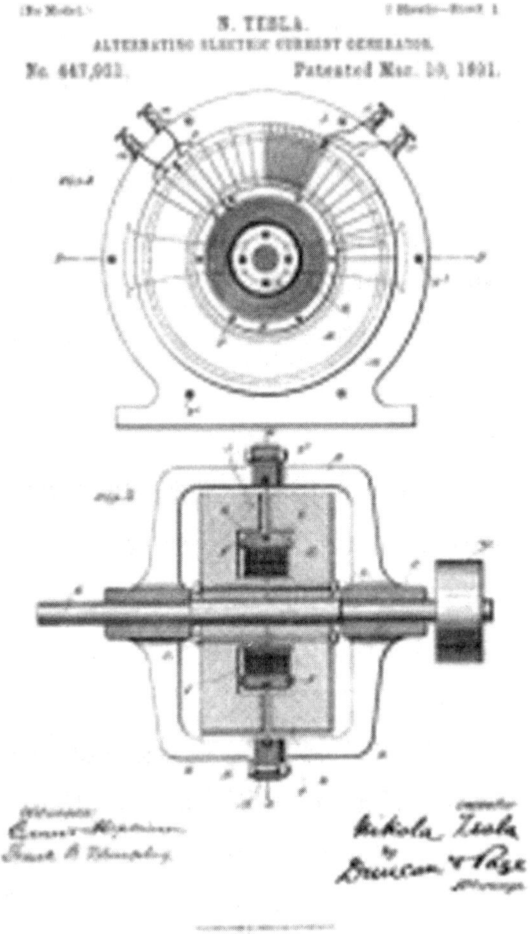

特斯拉的涡轮机发明专利图

特斯拉开始简单地构造一个操作电路，该电路由同样移动的没有叶片的平行盘组成，中心孔是由轴制动器来固定。特斯拉的机器中不需要叶片，在两个同向旋转的圆盘之间的空间形成了虚拟叶片，其形状会根据流体流动的条件而改变。这是一个制作非常复杂的零件。

少年时的一次电机的改变，最终成就了涡轮电机的问世。

早在1893年，特斯拉在第五大道南部的实验室里实验强电流时，竟出乎意料地制造出一片浓雾。当时屋外被一片薄雾笼罩，他打开电流，实验室里的雾气却变得更浓了，以至于伸手不见五指。

“我乐观地相信，在干旱地区建造一座结构恰当的装置，并让它根据一定的观测情况和规则运行，通过这种装置，我们可以抽取数量不限的海水用于土地灌溉以及动力生产。”

特斯拉信心十足地说：“我们对大气中的降水量的完全控制也是指日可待。到那时，我们可以从海洋中获取无限的水资源，并产生我们期待的任何能量，通过这一技术实现的灌溉和集约化养殖，将彻底改变我们所居住的地球，也可能成为人类在电力应用上能实现的最伟大的成就。”

这就是第一台真空马达的灵感起源。

五十岁生日时，特斯拉在纽约示范了他的最新发明：无叶片涡轮发动机模型，重量不到十磅，能发出两百马力（一百五十千瓦），每分钟一千五百转。

特斯拉希望用涡轮机来利用地热发电，成为“我们未来的能源”。

在发布会上，特斯拉认为无叶片涡轮发动机这种装置的前途无可限量。它可以使用汽油燃料，用来推动汽车和飞机；可以带动远洋轮船在三天时间内横渡大西洋；可以用于火车、卡车、冰箱、液压齿轮、农业、灌溉和采矿，既可用蒸汽也可用汽油。

特斯拉在纽约的百老汇街165号办公室组织了一个项目组。他通过电话和信件控制布里奇波特和普罗维登斯的建造和实验工作。在特斯拉博物馆里保存着他与公司工程师交往三年往来的两千多封信。

长期跟特斯拉工作的机械师科尔曼·西多向特斯拉推荐了他的儿子尤利斯·西多，他在长岛阿斯托丽亚机械厂为特斯拉造了几种样式的涡轮机。

1907至1911年间，在纽约的“水力发电站”，特斯拉的一些无叶涡轮引擎在一千至五千匹马力进行测试。两年后，结果大大低于预期。除了所有改进、建造、最佳材料和最精确的测量方法的努力之外，泵的屈服度在最佳情况下为60%，并且与蒸汽涡轮机相比更低。

在1908至1911年间，特斯拉发明并制造了五台液压机：试验泵、两级压缩机、鼓风机、高压泵和涡轮泵。在水蒸气和燃气轮机上进行平行实验。对直径为五十厘米的压缩机进行的首次测试表明，主要障碍是材料和振动较弱。

很快，“阿拉巴马”和“丹”的船主约翰·哈德利与特斯拉签署了一份合作备忘录，他的船队曾多次参加世界杯游艇比赛。哈德利希望能够用特斯拉新的发动机来提高他的船速。

特斯拉有关这项工作的文件清楚地回顾了他预定和制造涡轮机的工作工程。毕竟，实现这项工作的期限不到两个月。

在布里奇波特，他们开始立即制造铸模。特斯拉一个接一个地发送了所需的图纸：2 月 21 日，第一张用于汽轮机房的图纸；3 月 3 日，用于操作电路的设计；3 月 10 日，轴承和

特斯拉发明的涡轮发动机（现存于贝尔格莱德特斯拉博物馆）

厂房基建图纸；3 月 18 日，涡轮蒸汽调节器图纸；3 月 29 日，电机操作电路图纸。

特斯拉因他的小型涡轮机模型取得初步成功而欢欣鼓舞，于是设计了一套大型的复式涡轮机。

他准备在纽约沃特塞德电站通过蒸汽机进行试验。这里是爱迪生的地盘，操作人员是纽约爱迪生公司的工程技术人员，因而，特斯拉几乎从一开始就遇到了问题。

特斯拉每天下午 5 点到电站，让工人加班加点，但是他手头没有足够资金来对涡轮机进行充分试验。

最为难办的是，涡轮机运转速度极高，平均每分钟三万五千万转，由此造成的离心力很大，结果旋转叶轮的金属材料都被撕裂了。冶金工业要生产出符合要求的优质金属，还得等好多年以后。

他最后找到密尔沃基市的一家公司——阿里斯·查默斯制造工业公司，要他们制造三台涡轮机。但公司经理和工程技术人员，打了一份唱对台戏的报告，然后就甩手把试验停下了。

他们的理由是：特斯拉没有给他们提供充分的资料。

1907—1911 年，在纽约的“水力发电站”，特斯拉的无叶涡轮引擎在 一千至五千马力下进行测试。

特斯拉在测试发动机时，发现发动机能够达到 60% 的燃烧效率。值得深思的是，一百年后，我们却只达到了 42% 的燃料能量转换率。然而，因为商业的性质，燃油销售能够让人们获取更多的利益，因此活塞式发动机仍然是当今生活的“最优选择”。

二十世纪初，世界见证了活塞式发动机在汽车工业中的兴起。为尝试新的可能，特斯拉发明了涡轮机。

特斯拉充满信心，这种涡轮机重量极轻，效能极高，大大优越于当时的任何一款发动机。他打算把这种涡轮机也用在小型飞机上。

特斯拉的涡轮机受到世界工业界的广泛赞扬和喝彩。美国战争部的官员也宣称，这种旋转发动机是“世界上的一种新东西”，他们“深受启发”。

特斯拉从沃登克里弗塔的梦魇中挣脱出来，万事俱备，唯一所需的是资金。

来自小摩根的支持

1913年4月14日，曼哈顿圣乔治教堂举行了约翰·皮尔庞特·摩根的葬礼。

《华尔街日报》这样评价摩根："上帝在公元前4004年创造了这个世界，约翰·皮尔庞特·摩根在1901年重组了这个世界。"

在葬礼上，特斯拉遇见了安妮·摩根——J·P·摩根的小女儿。

特斯拉一生独身，安妮·摩根也一生独身。安妮·摩根年轻时，爱慕过英俊潇洒的特斯拉，但特斯拉每天在实验室，一天只睡两个小时，没有时间谈情说爱。

安妮曾经问他孤身一人，是否感到孤独，他回答说，"思想在孤身一人、不被搅扰的独处时变得更加敏锐、更加活跃。外界对我们的干扰会使创造性思维变得残缺不全。孤独，就是发明的秘籍，心生孤独的时候，就是想法萌芽的时候。"

自父亲去世之后，她又重新涉足于特斯拉的生活。

特斯拉给她写信，表达对她父亲摩根的景仰。“全世界都知道，他是一个拥有罕见权力的天才人物，但对我来说，他是一位巨人……这样的巨人，标志着人类思想和志向发展的新时代……”

安妮曾经迷恋过特斯拉，可她似乎对此早已忘记得一干二净。尽管如此，他们还是保持通信。“我希望今年冬天同您见面，”她在给特斯拉的信中写道，“自从我们上次见面以来，又整整过去了一年，我的确深感遗憾……”

特斯拉十分高兴能同她恢复友谊。“自从我们上次愉快地见面以来，工作一直不断取得进展，情况十分可喜。我的思想还像以往一样，盛如泉涌，源源不断。看到我的这些思想成长、发展，我觉得幸福欢乐。”

安妮回信：“这几个月来，您的工作收获大吗？您此刻终于感到您有所进展了吗？最近您快乐吗？”

特斯拉回了一封长信。

“多年以来，这种快乐始终围绕着我，一直以来我都沉浸于发明创造所带给我的满足之中。

虽然大多数人都认为我的这种生活方式使我丧失了很多人生乐趣，有点苦行僧的味道，但它却让我延长了生命，而且通过这种自我克制，我获得了极大的满足感。

人类智慧最重要的产物便是发明创造，就是它，在很大程度上推进了人类的进步。发明创造最根本的目的在于利用自然力满足人类的需求，用智慧掌控物质世界。很多时候，有些发明家在进行发明创造时不仅得不到物质回报，还要遭受外界的嘲弄，于是这项任务便更为艰巨。可是，在运用智慧进行发明创造的过程之中，他们可以获得极大的满足，他们拥有的知识使他们变成某种特权阶层 ——人类在残酷的自然环境中能够生存，就是由于有了他们的存在。这种快乐和价值，就是他们得到的丰厚的精神报酬。

有人用‘最勤奋’来称赞我，也许我配得上这个称号——前提是思考也是一种劳动，因为除了睡眠，我的脑袋就没有停止过思考。”

1913 年 5 月 20 日，特斯拉在安妮的引荐下就涡轮机需要的资金，致信小摩根——J · P · 摩根的儿子。

亲爱的摩根先生：

意识到您对时间的巨大需求，我附上一些关于我们讨论主题的简短陈述，供您空闲时阅读。

您可能知道，发现电力传输普遍采用的电气原理是我的发明。我相信，我的这项发明更重要、更有价值。

我坚信，这一新发明注定要进行一场巨大的革命，而且在机械动力生产中使用的现有设备形式将不会存在。

仅通过利用废热和其他经济，它在钢铁制造方面的应用每年将带来 1 亿美元的新收入，将对船舶推进，对铁路、汽车等产业产生巨大的影响，其他大型行业更加如此。

只要您像我一样认识到这点，而且兼为一名专家和一名旁观者，您一定能判断我是何等焦急，我是多么希望为了世界而与您这样正直而有权威的人，建立联系。

您真诚的

特斯拉

六天后，特斯拉收到了小摩根公司一笔一万五千美元的贷款，利息六厘，为期九个月。

特斯拉按捺不住给小摩根写信。他说，老摩根曾借给他十五万美元用于沃登克里弗塔工程。可他最后不得不终止这一工程，要不然，第一套世界广播系统早已蓬勃发展起来了。因此，他建议建立两家新公司，一家公司专门发展无线电广播，另一家公司制造涡轮机，并且宁愿“将我在两家公司得到的全部股权交付给您”。

6月11日，特斯拉收到小摩根的回信。

亲爱的特斯拉先生：

6月6日您的来信给我留下了深刻的印象，但是我不能同意您的建议把组建的两家公司的全部利益交付给我。

我希望在这方面提出不同建议，即您应该着手组织您的公司，以证券或现金偿还我父亲前期的投资，可能是最好的安排。

在我看来，您有权获得这些公司的利润。

我认为所有这些都与我们前几天谈到的涡轮机问题没有关系。

您真挚的

J.P. 摩根

小摩根的回信很干脆，说他不同意特斯拉将两家公司的股权交付给他。相反，他建议特斯拉干下去，把两家公司组织好，等有了能力，再拿出一部分利润来偿还他父亲之前借给特斯拉的十五万美元。

在后来几年中，特斯拉不停地向小摩根发出邀请，要他对无线电站和涡轮机进行投资。

小摩根对流体推进器或者无线电既弄不明白也不太感兴趣。至于电力的无线输送，他像他父亲一样持反对态度。但是小摩根还是给特斯拉贷了五千美元，然后就像他父亲一样，躲到欧洲度假去了。

小摩根是秋天乘船离开的，随身带上了特斯拉送给他的一些书籍，甩下特斯拉一个人在码头上独自徘徊。

与此同时，特斯拉开始在欧洲为他的涡轮机申请许可证。由于比利时退位王子阿伯特的斡旋，他在比利时得到了一万美元。意大利准备给他两万美元。在美国，他签订了汽车和火车照明合同……但是他的资金仍然远远不敷所需。

他尽量沉着地对待这些挫折。他在给小摩根的信中写道："我们不过是处在宇宙介质当中的嵌齿轮。这是某些规律带来的必然结果。按照这些规律，一个先驱人物，如果远远超过了他所处的时代，他是不会被人理解的，他必然要遭受痛苦和失望，他只能安于后代子孙赐予他的奖赏。"

圣诞节前，小摩根回国，特斯拉向他写了一封救援信："面对当前的境况，我几乎感到绝望。我非常需要钱，可在这生死攸关的时刻，我却一文不名。您大概是我唯一可以寻求帮助的人……"

小摩根却在回信中给特斯拉寄来了一份账单，要求索取两笔已经延期的贷款利息。

1914 年 1 月，第一次世界大战即将爆发，特斯拉恳求小摩根，说他正在为德国海军部长阿弗雷德·冯·提尔比兹建造一台涡轮机，为了造好和提交这台涡轮机，还需要五千美元。他觉得这不涉及是否忠诚于美国的问题，因为他已将这种涡轮机贡献给了美国政府。尽管战争部有人对这项发明说了些恭维话，但是国内并没有发出任何订货单。

这次小摩根发了善心，又提供了另一笔贷款给特斯拉。两个月后，他又给小摩根写信，谈到新发明的一种汽车计速表，希望得到支持。这次，秘书向小摩根进言，再也不能对特斯拉的任何发明进行资助了。

小摩根的秘书把特斯拉所有的信件都退回来了。整个冬天，特斯拉还是一次又一次地向小摩根提出请求："请不要以为我这次又在哭着哀求您的帮助，实际上，这一次是绝望地号啕大哭。"

十一月间，小摩根答复说，他可以将贷款加以延期，但不再追加。

涡轮机失去了小摩根的资助，特斯拉失去了经济来源，背负着沉重的债务。

军用雷达

1916年3月，特斯拉因拖欠市里九百三十五美元个人所得税，被传到纽约法院受审。

谢尔弗一连几天彻夜没有合眼，他一直为特斯拉的税收问题提心吊胆，现在果然大难临头了。每家地方报纸都登载了这条消息。马可尼公司、威斯汀豪斯公司、通用电气公司以及成千上万的小公司，都因特斯拉的专利而大发其财。

特斯拉在法庭上被迫承认，多年来他在阿斯托丽亚饭店一直靠借钱过日子，他自己一分钱也没有，一身都是债务。沃登克里弗塔占用的土地被没收了，后来转卖给了一位纽约律师。

但是，特斯拉的心思，根本不在法庭上。他琢磨成功了一个新的发明——雷达。

1916年，特斯拉已经六十岁了。一个天寒地冻的冬夜，他要赶回酒店，但打不到出租车，他沿着马路往回走。他的身后不远处，一个男人也在走路，估计跟他一样，也是打不到车而走路回家。因为路面湿滑，他不小心滑了一下，在将要摔倒的时候，他凌空翻了个筋斗，双手撑地，然后起身继续走路，就好像刚才只是表演了一个杂技。跟在他后面的那个男人非常惊讶，问他多大岁数了。那个男人得知他已六十岁，惊呆了："我只见过猫这样矫健敏捷，从来不知道人也能这样。"

1917 年 4 月，美国加入第一次世界大战。仅在一个月内，被德国潜艇击沉的协约国船只，就已达到了一百万吨位。

因此，研究出能够侦察到潜艇的办法，是当务之急。

当特斯拉考虑雷达的军事用途时，他首先想到的就是测定船只和潜艇的位置，而不是测定敌人的轰炸机。

早在 1900 年 6 月，特斯拉就在《世纪》杂志发表的一篇文章里，全面提出了雷达的总概念。

"驻波……要超过向一定距离之外发出的无线电波……比方说，通过利用驻波，我们可以从一个发射站任意给地球任一特定区域造成电效应；我们可以测定一种移动物体如海上船舶的相对位置或路径，测定该物体的经过距离或者速度……"

1917 年 6 月，特斯拉向美国军方提供了雷达模型和设计。特斯拉的超低频波会穿透海洋，而且可以用于通信。

他在 1917 年 8 月的《电气实验家》杂志上发表文章，描述了近代军用雷达的主要特点。

"如果我们能射出一种密集的射线，即一束以极高频率（比方说几百万周 / 秒）进行电振荡的微小电荷，然后这种射线被一种东西，例如潜艇壳身反射回来，此时我们又将这种射线加以截收，在同一条船或者另外一条船上将截收得到的射线显示在荧光屏上（类似 X 射线方法），这样一来，测定隐蔽着的潜艇的位置问题就迎刃而解了。

此种电射线必须具有极短的振荡波长，而最大的问题也就在于此，如何能够造成足够短的波长和巨大的能量……

探测射线可以断断续续地发射，这样可以猛烈发出极其可畏的强大的脉动电能射束……”

海军部长约瑟夫斯·丹尼尔斯就请教爱迪生，想知道爱迪生对特斯拉发明军用雷达的看法。当时爱迪生在美国海军部研发中心担任主任，主持华盛顿新设立的海军顾问局，主要研究美国应作何计划和借助何种发明来作战，主要任务就是寻找一种能侦察德国潜艇的方法。

爱迪生告诉海军部长：“雷达纯粹是一个梦话，是特斯拉发明狂人的梦想，更是一个不实用的技术。如果把军用雷达制造出来，战争可能已经结束了。”

海军部长接受了爱迪生的意见，在美国海军雷达研究报告上签字，将特斯拉的雷达设计，束之高阁。

爱迪生在担任海军顾问局领导人之后首次发表意见时说：“我认为不必要进行大规模的科学研究。”

他说，海军可以接触到标准局里“浩如烟海的事实材料”。海军所需要的是发展工艺技术的实际工作人才，而不是发明家。顾问局也是要吸收民用方面的专家，但并不需要物理学家。

在科学事业上雄心勃勃的海军军官，也同大学里的科学家一样受到冷遇。潜艇探测器情况如何？会不会对这个项目加强研究？他们很想知道。

爱迪生无动于衷，他认为，搞海军研究实验室纯属异想天开。如果海军坚持这样做，他认为海军首先应当了解，他过去是如何管理实验室的。“我们现在没有一套制度，没有章程，有的只是一大堆垃圾。”

爱迪生逼得大学里的科学家们“造反”了。当时，文盲科学家、伪科学家比比皆是。真正的科学家反而被遏制，被陷害，一生的发明不断地被有钱人盗走。而有钱人买技术，挂名当科学家竟已成为一种常态。

科学家们制订了一项计划，打算从一开始就绕开海军，直接找白宫最高领导层。他们通过美国科学院向威尔逊总统发出呼吁。

他们据理力争，认为科学院应当成为全国的“科学宝库”之一。

不久，美国建立了全国研究委员会。它就是后来美国各种研究机构的前身，是获得科学拨款的摇钱树。

全国研究委员会，后来吸收了大学、工业界和政府方面的著名科学家和工程师，目的是要同时推动基础科学研究和应用科学研究。

教授们“造反”的第二步行动，也为后来开创了一个先例，那就是在华盛顿建立一个总部，它与白宫和国会的钱库相距只有几个街区。

全国研究委员会为联合美国各方力量起到了十分明显的作用。这个团体立即得到商业界和工业界的支持。全国研究委员会，深深地影响了二十世纪美国生活的各个方面。颇有讽刺意味的是，在最开始的时候，它本是用来对付爱迪生的一种策略。

政府立即给全国研究委员会布置了任务，并分配了资金，让他们找出办法来探测德国潜艇。这和爱迪生的顾问局已经着手搞的项目完全一样。此外还建立了一个协约国机构，责成法国和美国科学家加快发明潜艇监听装置。

特斯拉发明的雷达，并没有受到全国研究委员会的重视。

第一次世界大战期间，同盟国由德国、奥匈帝国、奥斯曼帝国（当时的土耳其）与保加利亚组成，它们共同与协约国对敌。

协约国是以英国、法国、沙皇俄国为主的国家联盟。还包括南斯拉夫等弱小的欧洲国家。第一次世界大战中后期，美国、日本、中国等一些国家也先后加入协约国联盟。

特斯拉渐渐发现了战争的根本原因：“当时，我真的认为我的这一技术可以消灭战争，因为这一技术的杀伤力是毁灭性的，而且无需人的参与。不过，虽然我仍然相信它的巨大发展潜力，但是我的观点已经发生了变化。如果不能消除战争发生的物质原因，那战争就永远是不可能避免的。从根本上来说，这是世界上大部分地区产生冲突的原因。只有消灭了各方面的分歧与隔阂，信息传递、旅客运输、能源供应与传输大大发展，才能确保人类的永久友好与和平。现在，我们急需的是促进世界各地人民和国家之间更加亲密地接触和更加深入地理解，消灭种族中心主义和民族冲突等狂热思想，这些东西常常让世界陷入原始野蛮和相互厮杀之中，任何同盟条约和议会法案都不可能阻止这种灾难的发生。而这些新设备只能进一步将弱者置于强者的淫威之下。”

由于海军部对特斯拉雷达的“封杀”，华盛顿对特斯拉发明的雷达，不感兴趣。

全国研究委员会的科学家们正在制造一种相当原始的监听装置，这是一种配有电放大器的多管装置，设计安装在潜艇探测船的船壳上。这样一来，似乎人人都把耳朵贴到这种装置上面去了。这种装置也的确起到了一定作用。过了很久，声呐制造出来了，基本原理恰恰就是用了“冷藏”的特斯拉的雷达方案，声呐就是使听不到的高频振荡从目标反射回到发送装置，通过此种方法探测潜艇和水雷之类东西的存在。

面对海军和全国研究委员会的封杀，特斯拉已经习惯了，他不再悲愤，不再难过，也不再感到孤独。

他在给谢尔弗的信中一如既往地淡定："我能失去什么呢？我什么也没有失去。我只是无偿地把技术给了人类。"

1917 年的一个早晨，特斯拉没有想到的是，海军助理部长富兰克林·罗斯福，给他打来了电话。

富兰克林·罗斯福的堂哥，是美国第 26 任总统西奥多·罗斯福，西奥多·罗斯福在美国海军崛起的"第一个黄金年代"，起到了关键性因素。西奥多·罗斯福，自幼对海军和海战史十分着迷，1897 年，威廉·麦金莱总统任命他为海军部副部长。海军部长约翰·隆（John Long）长期称病、不理政事，麦金莱对海军也不感兴趣，所以罗斯福大权独揽，开始致力于美国海军的现代化。1901 年 9 月 6 日，麦金莱总统被无政府主义者刺杀，并于 9 月 14 日不治身亡后，身为副总统的罗斯福补位登上总统宝座，不但成为美国历史上最年轻的总统，也为壮大美国海军的事业正式拉开了序幕。

富兰克林·罗斯福受堂哥的影响，高中毕业时，曾一度想进安纳波利斯海军学院，希望自己将来当一名海军军官。但是父亲坚决反对，1900 年进入哈佛大学，攻读政治学、历史学和新闻学。但他依然对海军着迷不已，收藏了很多有关航海和海军的书籍。

富兰克林·罗斯福在电话中说，一直很仰慕特斯拉，希望能在华盛顿面见。

特斯拉来到富兰克林·罗斯福在华盛顿的海军部大楼办公室，富兰克林·罗斯福的橱柜里，摆着1898年特斯拉设计的世界上第一艘无线电遥控船模型，这艘遥控的潜艇模型，一直被富兰克林·罗斯福珍藏着。

富兰克林·罗斯福问特斯拉，“您能为美国海军开发无线天线系统吗，用于无线电远程电报。”

特斯拉说，“我很感兴趣。”

一战爆发后，美国政府控制了马可尼电报公司，但马可尼的工程师不能解决无线天线，这样富兰克林·罗斯福找到了无线电报的鼻祖特斯拉。

特斯拉很快开发了罗杰斯天线系统。

罗杰斯天线系统，使军队无需天线，无线传输信号，从美国向欧洲传输语音通信，没有静电，没有噪音，那时是闻所未闻的壮举。罗杰斯天线系统，今天仍由军方使用。

这项专利，属于特斯拉。

尽管海军和全国研究委员会“冷藏”了特斯拉的雷达，可挡不住雷达在全球的星火燎原之势。

1934年，由艾密尔·基拉杜博士领导的法国研究小组，制成并在船只以及陆地站上安装了雷达。这位法国人说，他们使用了“按照特斯拉提出的原理精确设计制造的仪器”。他进一步说：“特斯拉曾建议脉冲要具有极大强度，在这个问题上我们也必须承认，他说得十分正确。”但在当时，这种技术是没法实现的，“最大困难就是如何去大大提高强度”。

德国科学家根据特斯拉的大气脉冲雷达，也研制了一种雷达。尽管1935年，官方正式承认是美国科学家罗伯特·A.沃森－沃特成功制造了雷达原型，但归根到底，还是特斯拉首创的，是他促成了这项发明的巨大成就。

特斯拉所发明的大气脉冲雷达，虽然没有得到美国军方高层的承认，但是军方工程师们，亦步亦趋，按照特斯拉发明的雷达，一步步进行试验。雷达的每一个零件，都是按照特斯拉的设计组装的。

第二次世界大战爆发前，这种雷达终于在一次应急计划中试验成功。

1937年，美国在大西洋舰队一艘老驱逐舰"里尔丽"号上进行首次航海雷达试验。由于试验成功，后来制成了XAF型雷达。

到1941年为止，共有十九艘舰只使用了后来制成的另一种型号雷达，而且创造了卓越的战绩。雷达发明的及时出现，拯救了英国，使英国在纳粹的对英战役中免遭敌人轰炸机的破坏。

第二次世界大战爆发不久，希特勒威胁说要入侵英国。英国便有一个研究小组钻研特斯拉的雷达设计，英国地面雷达网属于最早的尚未采用微波的雷达装置，设有极其巨大的天线，用来发射长度达十米左右的无线电波。

即使如此，这些原始的装置还是功勋卓著，赢得了空战的胜利。并在最后制成了一种功率极大的磁控管，从二十世纪四十年代开始的新型雷达所使用的发生器，全部是在这种磁控管的基础上发展起来的。

战后，商业航空公司及航海公司也竞相使用雷达，而且，在宇宙空间探索方面，雷达也很快成了不可缺少的工具。

第二次世界大战结束之后，也正是特斯拉论述雷达的文章发表十五年之后，美国和法国两国的研究小组，按照特斯拉提出的原理研究出了一种新的系统。海军研究实验室的两位年轻科学家洛伦斯·海兰德和里奥·杨，重新发现了短脉冲高频射束的潜在用途，而且这次是把飞机和水面舰只都考虑在内。

在美国，由于受到国防部保密的影响，雷达在军事方面的研制工作进一步受到阻碍，但是后来陆、海两军还是及时研制成功了长波雷达装置。

无论美国军方怎样“冷藏”，都改变不了雷达与特斯拉共生的命运。

而今，想到雷达，就会想到特斯拉。想到特斯拉，就会想到雷达。两者的命运，紧紧地捆绑在一起。

但凡一个人的情怀，大到人类，自然会得到上天的眷顾。

即使在短时间里，被遏制，被抹杀，但是，它们终将往命定的方向走去。

正如特斯拉所说：“我相信无线世界里的一切，都是公平的。”

导弹更对口味

特斯拉对监听装置这类小发明，不愿多伤脑筋。相对来说，导弹研究更合他的口味。

1917 年，他在《纽约时报》的一篇文章中简单透露了他最新的一项专利的申请内容，引起了大家的兴趣。

他说，这种新装置“如同雷神的霹雳”，能够摧毁敌军的整个舰队，至于陆军部队，更不在话下。

他透露，这种装置是一种飞弹，以极快的速度划空而过，它又是一种无人驾驶的运载工具，既没有发动机也没有翅膀，靠电力发射，可以将炸弹投掷到世界任何地点。

当他还是一个大学生时，他就曾构想过一种飞行装置，它们与现有飞机差异很大。基本原理很好，但是因为缺少一种极大功率的发动机而未能实现。

近年来，他已经成功地解决了这一问题，他设计了一种“没有机翼、没有副翼、没有螺旋桨、没有其他外部装置的飞机”。

它的飞行速度极高，完全通过反作用实现续航和驱动，既可以通过机械方式又可以通过无线方式来控制，安装一定的装置后，可以发射导弹，非常精确地击中数千千米之外的预定目标。

他对于建立机器人舰队的计划，也没有丧失希望。一年前，他还敦促政府“在我国东西海岸线上选择适合的战略制高点，安装无数套光线电控制装置，交给有能力的军官指挥，而且给每一套装置划定一定数量的潜艇、水面舰只和飞机。从岸上的无线电控制站……对处在任何距离之外并能通过高倍望远镜观察到的这些船只和飞机，可以控制自如……如果我们充分配备了这种国防装置，敌人的任何战舰或其他船只就休想进入这些自动船只和飞机的活动范围之内……”

这种导弹设想，源自于特斯拉的放大发射机，被开发为一种进攻或者防守的武器，具体来说，它需与远程自动控制机配合使用。

“这个发明是一系列观察的结果，从儿童时期我便开始思考，并贯穿了我的一生。当时，我真的认为，这一技术可以消灭战争，因为这一技术的杀伤力是毁灭性的，而且无需人的参与。”

但是，由于爱迪生在海军对特斯拉的“封杀”，华盛顿对特斯拉发明的导弹，依然不感兴趣。

令美国想也想不到的是，特斯拉在美国饱受冷遇，在苏联和德国却奉为火箭鼻祖。

1933年，特斯拉的膜拜者——德国火箭专家瓦尔特·罗伯特·多恩伯格和韦纳·冯·布劳恩一起领导的火箭研制组着手研制两种火箭，一种是外形酷似特斯拉模型飞机的飞航式火箭；另一种是飞行轨迹为抛物线型的弹道式火箭。

1937年冬季进行火箭的飞行试验。点火命令下达后，当火箭缓缓离开发射架升到几百米高空时，火箭发动机突然熄火，很快就坠入大海。但是，失败并没有让布劳恩等人丧失信心。

1939年3月23日，冯·布劳恩第一次见到了希特勒。布劳恩听说，希特勒对现代技术和复杂的机器颇感兴趣。冯·布劳恩与希特勒谈到了自己的偶像尼古拉·特斯拉，没有想到的是，希特勒也非常崇拜特斯拉，一定要让特斯拉的导弹在德国成功，德国政府全力支持。冯·布劳恩可以想象得到，没有希特勒站在他们一边，他们将会遇到许多难题。

1942年10月13日，冯·布劳恩成功地把改进后的A-4火箭送上蓝天。A-4火箭后被命名为V-2导弹。

两个月后，布劳恩等人研制的另外一种飞航式火箭获得成功。这种火箭被命名为V-1导弹。就这样，世界上第一枚弹道式导弹和第一枚飞航式导弹，于1942年年底相继在德国诞生。

现代导弹是在现代火箭基础上发展起来的。二战前的德国，在火箭技术上处于领先地位。

第二次世界大战之后，各国都十分重视发展导弹。二十世纪五十年代以后，科学技术取得了飞跃发展，近代力学、高能燃料、特种材料、无线电电子技术、电子计算机技术、自动控制、精密仪表和机械等的发展为导弹武器提供了进一步发展的基础。

1957 年 10 月，苏联成功发射了第一颗人造卫星和洲际弹道式火箭，在世界上处于领先地位。美国为了赶上苏联在导弹技术方面的优势，从 1957 年开始，加紧发展中程和洲际导弹，迅速弥补了当时与苏联在导弹方面的差距。

美、苏两国在发展远程战略导弹的同时，也大力发展各种战术导弹。其中以防空导弹最受重视，发展最快。二十世纪五十年代开始，美、苏相继发展并装备了地（舰）对空导弹。在以后的时期内，美、苏还发展了多种型号的空对空导弹、空对地（舰）导弹、反舰（潜）导弹、巡航导弹及反坦克导弹。

导弹武器的问世，彻底改变了现代战争的作战样式。

正如特斯拉所预言，“我真的认为，导弹的杀伤力是毁灭性的，而且无需人的参与。”

特斯拉的飞行机器

印度《吠陀经》的“维摩那”文献中，神使用的飞行战车曾经帮助他们从 A 地到达 B 地，有些维摩那可以垂直改变方向，而不费任何动力。从现代的视角来说，反重力装置曾经被使用过，通过现代的 UFO 现象，可以把古代和现代联系起来。因此，特斯拉致力于反重力装置的研究，可能是真实的。

对于古印度文献《摩诃婆罗多》中描述的飞行器，特斯拉似乎从那里获得了灵感，设计了反重力宇宙飞船。

1928 年，特斯拉把反重力飞行器（专利号：1655144）注册了一项专利，是有关“一个合并直升机与一般飞机的飞行器”。在特斯拉过世前，他已经为这个飞行器的推进系统画了蓝图，他称之为“太空引擎”。特斯拉设计的航天器图纸是于 1917 年设计的，这个飞行器的外形是雪茄形状的。

特斯拉还向美国专利局申请了蝶形飞行器，就是我们现在称为“UFO”的空间物体。

特斯拉设计的宇宙飞船

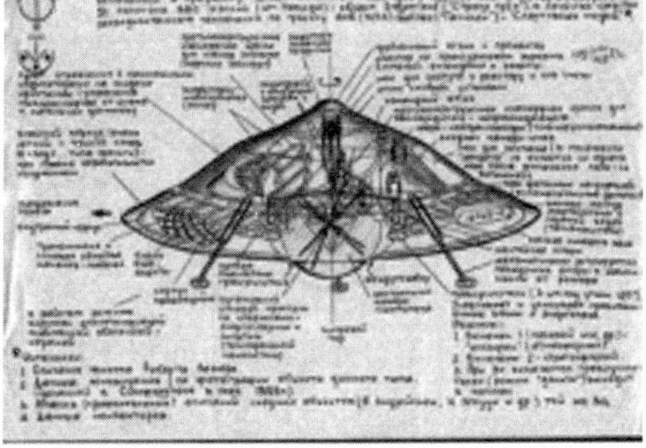

特斯拉设计的蝶形飞行器图

这个宇宙飞船是特斯拉通过神秘的反重力实验得出的，这种飞行器并不使用燃料而是通过电力制造动力。特斯拉指出这种反重力飞行器是用来帮助人们突破太阳系进入到宇宙空间的。

他说，“我们的大脑只是一个接收器，在浩瀚的宇宙中，有一个核心不断给我们传输知识、力量和灵感。虽然我还没有能力渗透到这个核心中去破解它的秘密，但我非常肯定它绝对是存在的。”

特斯拉说：“我的飞行器没有翅膀，也没有推进器，它可以在空中绝对静止，即使在风中，也能够停留很长的时间。”

特斯拉描述说，自行式空中自动机没有螺旋桨、机翼和所有其他外部控制手段。采用无线电控制技术可以使航天器到达地球的任何距离的预定点。这种航天器的电力系统使用太阳能电池，没有任何的噪音。特斯拉解释航天器的运行原理是以电解电容为动力的推进式“飞行机器”，这意味着采用这种推动装置，拥有效率极高的特性。

从 1891 年，特斯拉就开始研究用电磁场来升降和驾驶宇宙飞船了。特斯拉还专为宇宙飞船驾驶员设计了头盔：“头盔制作得更好，双层，略带弹性，外层还有一层薄陶瓷。这成为一种良好的电绝缘体，没有火灾危险，可以抵抗严重的热或冷的任何有害影响，并具有装甲的硬度，且易于穿透磁场。”

特斯拉在 1910 年开始飞行器的设计，专注于推进器或反重力场的运用。他发现高电力可以提升起一个物体。飞船不用船翼、螺旋桨和燃料，完全靠电力推动。

“现在我正在计划没有支撑架、副翼、推进器和其他外部配件的航空机器，而且它们能够以极高的速度运行。该机器的发电厂可以是核裂变或聚变反应堆，用于长距离和长期使用，以运行返回发电机的蒸汽发动机，偶尔通过靠近电力线的飞行进行再充电。高压能源装置靠安装在外壳上的天线来获取能源。短程机器还可以从远程飞机 / 航天器中的发电厂或陆地上的发电厂供电。发电机的标准是具有与励磁线圈相同数量的磁铁。特斯拉的首选设计是一个薄盘，可容纳四百八十个磁铁，其中四百八十个励磁线圈串联连接，并以极小的公差环绕它。在每分钟五十转时，它每秒产生一万九千四百次循环。”

在阳光下，特殊的飞行器可能会出现热空气、轻微的磁性变形。在半黑暗和夜晚，即使通过外部陶瓷船体，金属板也会发出不同的颜色。可见，光是电流在金属板上流动的副产品，取决于所使用的频率。

当下降、着陆或仅仅是地面升高的开始时，初级变压器靠近弱的次级端，因此下部系统的闪光管会发出红色的标志。

红色也可能出现在机器前面，当它向前移动非常快时，减少对前部的阻力。

橙色以低速显示。橙黄色用于飞机型速度。绿色和蓝色适用于更高的速度。通过添加冷凝器，使电路变大，蓝色变为亮白色，就像搜索灯一样，可能会损坏金属板。

最高的可见频率是紫色，就像特斯拉在舞台上的演示。颜色几乎是连贯的，只有一个频率，像激光一样。使用大磁铁系统构建的机器将简化并减少车辆变压器电路的电力需求，从而有效地飞行并且在几乎没有电力损失的情况下飞行。

特斯拉对他设计的宇宙飞船，对宇宙飞船载人突破太阳系进入到宇宙空间，充满了信心。

1927 年，福特“三发”飞机首次实现跨大西洋飞行，特斯拉已经设计出飞越太阳系的太空飞船了，如此超前的创新，在当时的科学界是无法理解的。

二十世纪三十年代，欧洲的几位研究人员声称特斯拉秘密制造和测试了反重力作用的飞机。据说，纳粹德国获得了这项技术，并在第二次世界大战期间秘密进行了这项尖端技术的实验，该计划被称为“钟计划”。这是第三帝国的绝密计划之一，连希特勒知道的都甚少。大量证据表明，赫尔曼、奥伯特、韦恩赫尔、冯·布劳恩都不清楚。这个秘密武器是由高级将领卡勒姆专门负责制造。

“纳粹钟”是一个外形像钟的巨型装置，据说是能制造反重力和有扭曲空间的能力，运作方式是“自旋极化”和“自旋共振”。在有关“纳粹钟”的实验记载中，所有暴露在纳粹钟作用范围内的动植物都在数分钟到数小时内分解成黑色的黏胶状物质或是呈现一种不正常的腐烂状态。“纳粹钟”的实验也造成了七个科学家的死亡，其他受实验影响的人出现如眩晕，皮肤麻痹骚痒感觉、口中还有金属味。“纳粹钟”运行时需要一座水坝为其供电，纳粹德国制造的“纳粹钟”希望能达到三个目标：自由能源不再依赖石油，反重力推进力，能有效地大规模杀伤敌人。

这项计划是使用电磁力作推进系统的一种钟形反重力飞碟。从幸存的草图中显示，钟形宇宙飞船有陶瓷表层，十米高，直径五米，它的设计看起来与现代空气动力学法则相反。

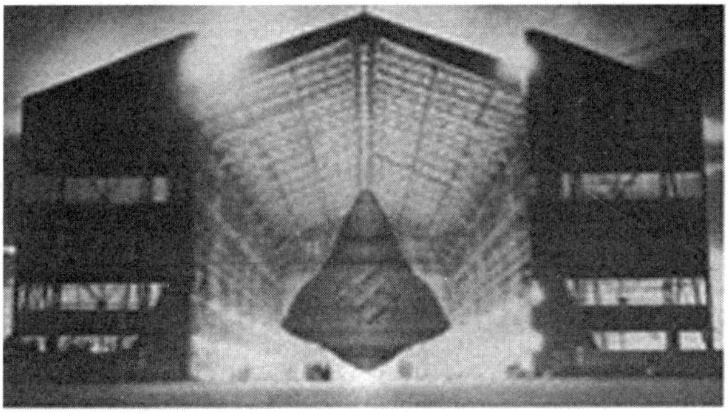

纳粹德国最高机密制造的宇宙飞船“钟”的效果图

1961年4月12日，苏联发射世界上第一艘载人飞船——东方1号宇宙飞船。

在那个时代的理论派科学，把特斯拉的宇宙飞船当作异端邪说。但是，苏联对特斯拉1928年申请的宇宙飞船专利，奉为通向宇宙的一艘神舰，苏联航天部成立了宇宙飞船研究院，研究特斯拉宇宙飞船的模型、理论与数据，在很短的时间内，造出世上第一艘载人宇宙飞船。

东方1号宇宙飞船，受特斯拉蓝图的启蒙，由两个舱组成，上面的是密封载人舱，又称航天员座舱。这是一个直径为两米三的球体。舱内设有能保障航天员生活的水、供气的生命保障系统，以及控制飞船姿态的姿态控制系统、测量飞船飞行轨道的信标系统、着陆用的降落伞回收系统和应急救生用的弹射座椅系统。另一个舱是设备舱，它长三米一，直径为两米五八。设备舱内有使载人舱脱离飞行轨道而返回地面的制动火箭系统，供应电能的电池、储气的气瓶、喷嘴等系统。

1961年5月25日，肯尼迪总统宣布美国将执行“阿波罗”载人登月计划，力争在十年内把美国人送上月球并使其安全返回。

负责“阿波罗”载人登月计划的，恰恰是特斯拉的忠实膜拜者——1942年成功发射世界上第一枚弹道式导弹和第一枚飞航式导弹的德国科学家冯·布劳恩。

1943年，德国正在崩溃，同盟国节节胜利，冯·布劳恩四处奔走。他的身上，担着特斯拉的使命，他在忙于进行一次几乎是不可能的撤退，以免有关人类将来征服宇宙空间的各种计划方案落入外人手中。不管有什么危险，不管要付出什么代价，必须在几天之内，把全体人员和智囊团、大量的技术报告、设计图、专利品、蓝图和工程图纸撤出来。

他认为自己新的义务就是从德国崩溃的废墟上，把对将来征服宇宙空间极其宝贵的贡献拯救出来，自愿为美国服务。

1957 年，苏联成功地发射了第一颗人造卫星，这令美国人万分震惊，许多人担心，他们下一步大概要扔炸弹了。苏联第二颗人造卫星被送入轨道，引起了美国人对艾森豪威尔政府在航天时代固步自封的大量批评。公众的呼声发展成咆哮、怒吼。

冯·布劳恩终于可以放手大胆实行他的航天计划了，他终于用丘比特——C 火箭成功地把“探险者号”送入太空。

亨茨维尔街道上载歌载舞，艾森豪威尔总统向冯·布劳恩颁发美国公民服务奖，冯·布劳恩成了一位民族英雄。

后来，冯·布劳恩博士的班子转到国家航空航天局，发展大型“土星号”航天火箭。有了“土星号”这样巨大的运载火箭，可能还会有核动力用来进行深层空间飞行，冯·布劳恩对实现特斯拉的梦想——对月球，甚至对火星进行载人探险的梦想，就有可能实现了。

1969 年 7 月 16 日 9 时 32 分，“阿波罗 11 号”飞船发射升空。冯·布劳恩原本是在要纪念尼古拉·特斯拉的诞辰 7 月 10 日升空，因为轨道问题，故而延后五日才发射。

飞行途中，“阿波罗 11 号”飞船进行了两次轨道校正，进入环月飞行轨道后先绕月球飞行了差不多十三圈，然后启动服务舱发动机减速，降低轨道后登月舱与指令舱和服务舱成功分离，登月舱沿抛物线缓慢地下降至月面，在月球“静海”安全实现软着陆。

7月21日22时56分，即在飞船起飞后102小时45分43秒，登月舱门打开，航天员阿姆斯特朗成为第一个登上月球的人。

航天员在月球上停留了21小时18分钟。他们在月面上放置了一台激光反射器、一台月震仪和捕获太阳风粒子的铝箔帆，拍摄了月面、天空和地球的照片，采集了月球土壤和岩石标本，然后驾驶登月舱返回环月轨道，与母船会合对接。随即脱离登月舱，启动服务舱主发动机为飞船加速，进入月地过渡轨道。

在接近地球时飞船进入大气层，抛掉服务舱，进入低空指挥舱利用降落伞降低下降速度，最终于7月24日在太平洋夏威夷西南海面降落。整个飞行历时8天3小时18分钟。

冯·布劳恩终于使人类登上了月球，这是人类最美妙的时刻。

冯·布劳恩回顾自己的一生说，“有幸终生担负重任，以帮助实现自己童年时代幻想的人，你还能举出很多来吗？如果我明天就死去，我回顾自己的一生是充实的，激动人心的，深有报偿的。除了这，一个人还有别的什么可求吗？”

冯·布劳恩1912年出生，尼古拉·特斯拉是他童年时代幻想的人，也是激励他一生的动能，当他终于使人类登上了月球时，他泪流满面，他终于可以告慰特斯拉的灵魂，特斯拉的灵魂在太空，一定能够看见。他“听见”特斯拉的灵魂说，“当下是他们的，而我致力于研究的未来，是我的。”

1996年，电台主持人阿特·贝尔收到了一个包含金属碎片的包裹，发件人声称这些碎片是从1947年在新墨西哥州罗斯威尔附近发现坠毁的不明飞行物中取出的。这些适度的金属碎片是否能证明现实UFO及其对电化学技术的使用。金属碎片看起来好得令人难以置信，贝尔起初对类似的笑话持怀疑态度。

贝尔向琳达·豪沃发了几个样品，他们迅速分析了金属。使用分散波光谱法，分析员发现该金属是由镁锌合金和纯铋层制成。

在一百至二百微米的镁锌层中，镁的含量为97%至97.5%，锌含量为3%至2.5%，因此金属几乎全部为镁。纯铋层的厚度为一至四微米，略呈波浪状，只能发现铋。没有发现氧气，没有锆或其他元素，只有这三个。

当这些金属材料通过传媒传递了这些信息之后，豪沃收到了一位名叫丹的听众的传真，他表示他有专业知识。他曾于1973年至1989年在加利福尼亚州爱德华兹空军基地和俄亥俄州的赖特帕特森担任一些任务。

丹拥有加州州立理工大学物理、航空航天工程和计算机科学学士学位，并获得加州大学伯克利分校计算机科学和航空航天工程硕士学位，1974年在他开始担任空军土木科学家之后获得物理学博士学位。

丹告诉豪沃，当他第一次看到类似于送给贝尔的金属碎片时，他参与了航空工程和评估。据推测，这种金属用于电加工设备。铋是一种反磁性材料，这意味着它倾向于排斥磁场。

“这是事实，他们非常戏剧化。他们发现了一些东西，其中很多可以追溯到 1917 年的尼古拉 · 特斯拉及其发现的电场和反重力。”丹说。

豪沃想知道当铋的流量增加时，会发生什么最具戏剧性的事情。丹的反应是，基本上会有一个大幅减少，它可以达到零，并真正在空中上升，创造一个漂浮的身体。

特斯拉发现静电在表面的排放永远集中在曲面，或是在边缘。当弯曲或角度越陡时，电子发射就越集中，他也发现静电荷会通过导体的表面而不是穿过，这也在麦可 · 法拉第发现的法拉第效应中被提及。

碟状飞行器上层结构乘载高压高频的线圈，是个共振变压器，提供静电和电磁加载到飞行器的极性。这个线圈就是特斯拉在 1891 年发明的特斯拉线圈。

当飞行器的半球在真空的状态下，大气压力可以穿过管子，驱动电子涡轮发电机。有些报告说“外星人”也是使用这个系统当作固定发电站产生能源供他们的星球使用。

特斯拉为了实现他的自动航天器，作出了极大的努力。一百年过去了，人类在特斯拉理论基础上做了大量有关引力的实验或观察。例如，超负载力的发现和通过天文观测得出宇宙在加速膨胀的结论。

现在的引力理论已无法解决这些问题，但如果从相反的角度看待引力，建立一个新的模型，似乎可以解决一些实际问题，这里必须提到“布朗运动”。这是布朗通过观测植物花粉粒发现其无规则运动。爱因斯坦于 1905 年的一篇论文中提出花粉的无规则运动实际上是花粉颗粒受到各方向液体分子不平衡的撞击作用造成的，同样在关于引力的这一模型中也有类似的问题。在看似虚无的真空中应当存在这一种特殊的实体，这种实体应有两个基本的特性：

①在一定空间范围内，它的分布是均匀的，而且在一段较长的时间内，它分布的密度是不变的。

②任意一个这种实体在任意时刻向任意方向运动的概率相等。如果将一个物体置于充满了这种特殊实体的背景中，这种特殊实体给了这个物体一种“推力”，与布朗运动不同的是，这个物体在任意方向上受到的力都是等大的，物体应保持受力平衡状态。由于空间背景中的特殊实体具有前面提到的特性，物体任意方向上受到的力都是相等的。

在这种模型中，引力不再是一个单一的使物体相互吸引的力，而是来自不同方向的推力之差。也就是说，引力不再是一对相互作用力，A 不再是 B 的施力物体，B 也不再是 A 的受力物体，这种力不来自对方，而来自物体周围的特殊实体。由于物体的存在造成背景密度起伏，所以各个物体重心产生向上推力以解决不平衡的现象。

特斯拉的这种力所产生的异常高压可以给“原子相撞”实验带来极大的帮助。他在实验室中首次破碎了原子。

特斯拉论证说："所有物体在以某种惊人的速度从我们的地球猛掷到太空的时候，都有电子容量，都拥有移动的电荷，因此是动态的。"他通过使用独特的真空管和特别设计的高压线圈产生的高频交流电，使地球如何发出"微波"，如何表现得像一个带电的球体。以这些发现为基础，以及在科罗拉多温泉得到的证实，他发明和测试了首个电磁机器，可以没有"翼、螺旋桨或气体包"而飞起来的航天器。

麻省理工最近研究出来一种离子风推进的飞机，这个飞机模型没有引擎，没有推进器，也没有螺旋桨，靠离子风来推动飞机飞行。离子风是利用超高电压，飞机机翼下面的前端是很细的导线，导线电离了空气中的氮气，氮气离子带电，会随着气流冲向后面的负极，在离子转移的过程中，它们还会冲撞空气中的其他分子，实现了推力。目前，离子风飞机还处在研发阶段，飞机的飞行距离为六十米。但是，要达到特斯拉的在风中可以静止不动，单靠离子风来实现，还是有许多难度的。

特斯拉在他设计的航天器上没有给我们留下他的基础理论，在航天飞行器的设计上运用了他多重技术和臆想。虽然我们现在无法目睹他的航天器的尊荣，但仅仅从特斯拉描述飞行器的外观、运行蓝图，就已经让我们瞠目了。

第一艘隐形战舰

1933 年，富兰克林·罗斯福成为美国总统。他给他的老朋友尼古拉·特斯拉打电话，让他来华盛顿。

特斯拉来到白宫，罗斯福握住他的手，说，“我的老朋友，你想为政府再多做一些工作吗？”

特斯拉说，“好的。”

罗斯福说，“我们有个项目适合你。”

特斯拉成为了后来称之为费城实验——隐形战舰的总指挥。

特斯拉是由罗斯福总统任命的第一任总指挥。

从 1933 年到 1936 年，特斯拉一直负责隐形战舰的开发，其目的是让军舰隐形，让敌人探测不到。

1936 年，第一次测试硬件，很成功，这意味着舰艇可以隐形，这个测试令人鼓舞，足以证明，特斯拉的设计在正确的轨道上。

实际上，海军从1931年就对隐形战舰感兴趣，并提供了一些研究经费。直到1936年，看到特斯拉测试真的隐形之后，海军提供了更多的研究经费，扩大了项目，更多的人成为了项目的一部分。

1936年，他们取得了一定程度的成功，最初的目的是产生一个隐形场。1940年，在特斯拉的指导下，在布鲁克林海军院子里，他们取得了第一次真正的成功。这是一艘无人的小船，特殊装备放在那艘船上。它由两侧相邻的两艘船提供动力，为电缆供电，如果出现问题他们就会切断电缆。

“隐形战舰”实验场

第一艘隐形船实验成功了。这艘小船潜入水底，无影无踪！海军宣布成功。海军为此资助了大量资金，1940年9月，海军称该项目为“彩虹计划”。从那时起，项目就进入了高潮。

1941年12月7日，日本偷袭珍珠港，炸沉了四艘战列舰和两艘驱逐舰，炸毁一百八十八架飞机，两千四百名美国人丧生，这对美国是一个巨大的震骇。次日，美国总统罗斯福发表了著名的“国耻”演讲，随后签署了对日本的正式宣战声明。

太平洋战争爆发，罗斯福在白宫召见特斯拉，对特斯拉说，“我指派了一艘战舰给你，让它前进，隐形前进！”

罗斯福对特斯拉充满了信心，他相信特斯拉完全可以做到。

特斯拉对这艘战舰进行了硬件改造。安装了三台射频发射器，主发动机，由这些发电机驱动的一系列磁线圈，产生非常强烈的磁场，并且最初它们被包裹在船体周围。后来改为安装在甲板上的四个线圈，这将产生隐形性。

特斯拉认为，战舰虽然可以隐形，但应该用无线遥控系统，隐形战舰上目前不该载人，那样会有生命危险。

他对负责项目的海军少将说，“我们将遇到人员问题。我们将遇到一个非常严重的问题。我需要更多的时间。我需要制定相应措施，以免人员受到伤害。”

海军上校说，“不可能，你有一个截止日期。目前战争爆发了，让它可以载人。你可以完善它，但不能改变它。”

截止日期，是1942年3月。测试时间接近；他对此变得非常不安，最后决定，没有时间延长，也没办法修改硬件，只有一个办法，就是确保硬件不起作用。

1942年3月，测试日期已到，特斯拉坚持隐形战舰拒绝载人而辞职。

他退出了实验，说，“先生们，现在是我离开的时候了。这里有一个非常好的人可以接任。他就是冯·诺依曼博士。再见！”

1943年7月22日上午9时整，在费城的海军造船厂里，磁力发生器的电源被接通，强大的磁场开始在舰身周围形成。一片绿色的雾慢慢将“爱尔德里奇号”包围起来，从视线中将它遮去。稍后，雾逐渐消散，而“爱尔德里奇号”也踪迹皆无。

在岸边观看的海军官员和科学家们睁大了眼睛，充满敬畏地目睹了这最了不起的成就：DE-173“爱尔德里奇号”护卫驱逐舰的舰身，不但在雷达上消失了，船体也都消失了，一切都按照预想发生了，而且还远远超出了预想！

大约十五分钟以后，磁场发生器被关上，绿色的雾重现，“爱尔德里奇号”则在雾散去的同时，在原来消失的地点重新现身。

“爱尔德里奇号”舰艇，安装了隐身衣的装置。这项隐身技术采用了特斯拉线圈，特斯拉发电机，四台特斯拉射频发射器，及特斯拉隐形雷达，在船身周围制造出等离子，躲避雷达追踪。

美国第一艘隐形战舰，采用特斯拉的设计，终于试验成功。

结束战争的粒子束

1935 年，当纳粹最终在德国掌权时，特斯拉公布了自己十几年的研究——粒子辐射及宇宙射线基本方程式。这款特殊的粒子武器，能彻底摧毁军队、大型轮船和飞机、舰队。

他认为每个国家都要有粒子武器，之后没有哪个国家被其他国家入侵，因为飞机会被击落，舰艇会沉没。他想把粒子武器卖给第二次世界大战参战的苏联、英国、南斯拉夫和美国政府。据最近一份 FBI 解密的档案显示，其实美国政府一直以来都在秘密发展这种武器，而这种武器的发明者就是特斯拉，他将这个发明称为“死光”。

当特斯拉暗示他的“死光”武器就是远距离传输能量时，纽约的许多怀疑论者发表文章，质疑特斯拉“死光”技术的可行性。

特斯拉对此作出回应：“一篇来自 1934 年 7 月 13 日华盛顿《世界电讯报》的报道……科学家们怀疑‘死光’武器的种种可能性。我同意这些怀疑者，他们认为具有能量的射线不可能制造出来，并且它的强度随距离的平方而减小。而我的研究不是这样，它能允许传送比其他任何射线更多的能量。根据我目前所掌握的理论和实验知识，我深信自己正在给予这个世界一些远远超过这个时代所有发明家最狂野的梦想。”

特斯拉在1935年发表的题为《一部结束战争的机器》的文章里宣布，他发明的“死光”武器不是死亡射线，而是带电粒子束。

美国报刊登载的“特斯拉死光射线”

特斯拉说："这种能量盾牌，使用的是一种全新的机理和全新的能量形式。那种全新的能量，并不是以无线电波的方式传播的，它采用了光束形式，相当于人的头发直径的百分之一的光束。"

《纽约时报》在对特斯拉进行一次采访后，发表了一篇文章，文章提到了特斯拉提交给美国政府"远程控制"的可能性。这篇文章引用了特斯拉的声明："这种能量将有能力感知二百五十千米以外的空中一架飞机发动机的存在。"

"我利用了宇宙射线，并且使它们成为一个原动力的设备。"

《纽约时报》引用特斯拉的观念："这项最新的发明……将使战争变为不可能。"特斯拉描述，"死光"将以一百万倍的强度创造一种看不见的"中国长城"，使得这个被保护的国家难以穿透。

"死光"武器具有很有趣的特性，包含一个末端开口的、用气体喷流密封的真空管。与此同时，它能允许和促进粒子的离开。这种装置创造了一种方法，产生数百万伏的高压来为微粒子充电，并产生和引导一束集束粒子流至数千米外。

1935 年 5 月 16 日，特斯拉发表了题为《自然媒介下投射集中能量的新技术》的文章，这实际上就是特斯拉"死光"武器的原型。特斯拉在这篇文章中对"死光"武器作了非常详细的图解和数学计算公式，以及这个设备中其他零部件的设计图。按照这个图纸，特斯拉已经把这个武器做出来了。

“无线传输电能和远距离产生毁灭性的效果实用到近乎完美。我已经建成了一个无线发射器，使得这些成为可能，但不可避免地终有一日它将被用于毁灭财产和生命。到目前为止，这种毁灭性效应能在地球上任何一点产生，只需要事先界定出极高的精度。”

特斯拉在实验室中，发现了原子能释放出来的力量。他看见了原子能的威力，不禁担忧：“如果我们能够将原子的能量释放出来，或者在地球的某个地方以某种方式开发出成本更加低廉而规模没有限制的能量，这并不是一件可喜的事情，反而可能引发冲突和混乱，给人类带来灾难。”

特斯拉认为，人类能够撞击、改变、创造或毁灭原子，掌握大量的能量。他在《人类最伟大的成就》的文章中写道：“在人类心中，有一种神秘莫测、不可抗拒的愿望：模仿自然，不断创造，使自己本身成为奇迹。在这个愿望的鼓励下，人类探索、发现、发明、设计、制造人生之星，并为其树立美丽、伟大、敬畏的纪念碑。人类深入地球内部，探索隐藏的财富，释放被禁锢的能源。人类侵入海洋深处、蔚蓝的天空，探寻原子结构的每个角落，纵观无限的世界。人类征服了沃斯、普罗米修斯的可怕火焰、瀑布的巨大力量和风浪。人类驯服了朱比特的闪电雷鸣，战胜了时空。人类具有如此巨大的能力，人类的声音将获得宇宙的回响，使地球颤抖。”特斯拉担心人类出于自我需求而无序开发直到肆意破坏自然环境，使世界自然资源枯竭。

特斯拉认为粒子束武器只是摧毁武器，它对世界的伤害远远低于核子武器，而其功能却远远超越了原子武器。粒子武器利用远程动力学——远距离机械能传播技术，通常被称为“死亡射线”的新武器。

在这件武器商业化之际，在 1937 年 2 月 9 日的《自由》期刊中，乔治·西尔维斯特·威里克以《结束战争的机器》为题发表了对特斯拉的采访内容，其中特斯拉宣布了这些发明：“所有防御设备也可用于攻击。这一事实扼杀了以和平为目的改进武器进程的价值……。我很高兴能够改进那些只能用于防守的工具。这些武器的想法将使国际关系发生革命。由于这一点，所有国家，无论大小，都将无法用于军队、飞机和其他攻击工具。我的发明一旦放置，就可以解体二百千米范围内接近的任何东西。它将形成一个充满活力的墙，这将是所有类型攻击者的强大障碍。”

特斯拉在致力于人类走出地球的同时，也在考虑着如何抵御外星人的入侵，而“死光”就是在他看来最好的地球防御武器。

特斯拉在 1937 年完成的《引力的动态理论》中提到，“死光”的主要目的是预防“邪恶外星人”的攻击以及摧毁外层空间的陨石，并非用来让地球人之间互相残杀。

每个科幻作家都知道，如果你想摧毁某人、某物或整个行星，只需用粒子束击中它。从海勒的狙击光束步枪到星际迷航的“新地超级武器”，粒子光束是一切摧毁技术的核心。粒子束步枪需要一个足够大的电池才能让持有者随身携带。

事实证明，特斯拉的“死亡射线”是粒子束。在 1935 年 2 月发表在《自由》杂志上的文章中，特斯拉解释了这件武器的特点：“我的设备投射的颗粒可能相对较大或具有微观尺寸，使我们可以在很远的距离内传输数万亿次的能量。因此，可以通过比头发丝更薄的电流传输成千上万的马力，并且没有任何东西可以阻挡。”

发表这篇文章两天后，德国驻纽约的副领事万·核福屯以书面形式给特斯拉写信，他要求进行一次面谈。他对特斯拉的粒子束武器很感兴趣，尤其是那些他曾谈过防御武器的部分。但特斯拉不愿意与纳粹德国代表签订新武器，只是礼貌地回复了他的来信。

紧接着，特斯拉与纽约的苏联贸易代表团接触，并于 1935 年 4 月 20 日与阿姆特格贸易公司签订了一份关于保护苏联免受敌人侵略的合同，建立无法穿透的能量墙。

特斯拉的义务是，在四个月的时间里，给出一个详细的项目清单，其中包括可能产生五千万伏电压的设计图纸，并将浓缩粒子束放电到至少一百千米的距离，最大速度每秒不低于三百五十千米。作为补偿，特斯拉得到两万五千美元的补贴。

苏联合作伙伴保留了整个项目和内置装置可用于“电力传输、核和类似科学研究、嬗变、密集辐射”等领域进一步核查的权利。合同是秘密的，根据合同约束，可以知道该项目的只有两个国家——美国和南斯拉夫。

特斯拉一直与阿姆特格贸易公司的代表 A. 维塔念和纽约的苏联领事 K.M. 纳瑞克保持着联系。他于 5 月向维塔念提供了通过自然媒体投射集中非分散能量的技术项目，在那里，他解释了武器的基本原理并展示了武器的绘制。该项目交付给莫斯科的苏联专家，随后进行了简短的通信，其中他们列出了涉及该项目的问题清单。

特斯拉写信给瓦尔塔 · 尼安：“你的专家正处于富兰克林时代的电力知识水平。”

苏联关于这种武器的进一步活动的信息得到了“严格保密”的限定。

在 1936 年 8 月 28 日的一封信中，特斯拉向伦敦的内阁发表讲话，提出了他的新武器，以保护伦敦免受敌人的袭击。

特斯拉整个秋天都在谈判中，并于 1937 年 6 月与纽约的外交使团进行了谈判，特斯拉被告知他的建议已被接受，加拿大政府的代表也将访问他。

1937 年 8 月，特斯拉与英国驻加拿大大使馆的武官进行了会谈，他向英国政府正式提出了“高能量墙”的技术，以保护英格兰海岸不受任何袭击和入侵。当英国首相内维尔 · 张伯伦知道这种技术是一种“新的强大的防御性武器”时，张伯伦向国防部提出了接受特斯拉新防御武器的建议。

在谈判过程中，特斯拉一直与南斯拉夫驻华盛顿大使康斯坦丁·佛提克保持联系，通报情况。

在与英国外交代表交谈后，特斯拉发生了交通事故，两根肋骨断裂，腿部也严重受伤，与英国人的谈话被推迟。

1938 年 9 月，特斯拉与英国代表有了一次新的接触。特斯拉与麦克格顿将军和罗斯博士进行了交流。他们转达了首相张伯伦对特斯拉的问候和对粒子武器的关注，并计划用三千万美元的价格订购“死光”武器。

特斯拉粒子束武器示意图

特斯拉透露张伯伦首相的诚意以及他采用这种装置的意图，它可以防止他们爆发威胁性的战争，并且可以使这种武器有继续下去的可能——涉及法国、德国和英国的武器购买协议，以维持欧洲的平衡现状。

当张伯伦在慕尼黑会议上谈判失败时，为了保持欧洲均衡状态，鲍德温成为一位新总理，他无法理解特斯拉的计划在防御中所带来的作用，于是他终止了谈判。特斯拉对与英国政府的谈判破裂感到非常失望。

特斯拉宣称，在谈判进行期间，他的房间被入侵，有人进来查找他的档案，但小偷或间谍空手而归。他说，没有任何危险，因为他从来没有把它的任何部分写于纸上。他信任自己的记忆。

联邦调查局特工波利斯·菲特扎格柔德的报告保存在尼古拉·特斯拉博物馆的档案中，他负责跟踪特斯拉的工作，还有他在 1939 年和 1940 年写给特斯拉的两封信，他要求与特斯拉会面和交谈。

特斯拉没有与美国政府就这一武器的应用进行谈判，但他试图从卡内基的基金会里获得他实验室的资金。1935 年 2 月 9 日，他在致弗兰克·万德利普的信中写道："毫无疑问，如果我努力拉动我的联系，我可以得到政府的支持。我已经认识了五位美国总统，尤其是西奥多·罗斯福，对我特别感兴趣。德国也非常关注这个武器，但我不喜欢用法西斯的钱继续我的研究，这违背了我的意愿。"

康斯坦丁·佛提克不断向贝尔格莱德通报特斯拉与其他国家政府就新武器发生的关系。

1941 年 3 月 5 日，南斯拉夫驻华盛顿的军官马克·卜瑞佳要求提供武器数据，他将把这些数据交给贝尔格莱德的国防部。

1941 年 12 月 26 日，特斯拉写信给他的侄子萨瓦科·科萨洛维奇：“我最近制作了一个无限动力传输的新装置，以用来保卫我们最亲密的家园。我可以证明这种力量将给南斯拉夫带来积极的防御能力。”

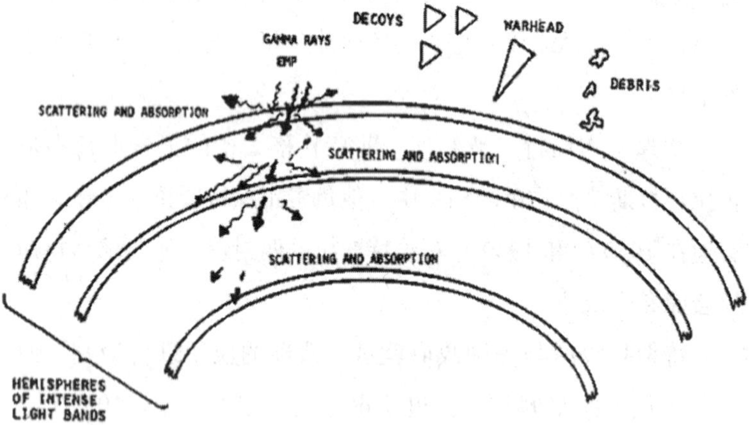

特斯拉设计的“高能量墙”防御图

根据尼古拉·特斯拉博物馆保存的档案，似乎在他所领导的所有谈判中，只有与苏维埃政府的谈判才能产生结果。

在这个博物馆中还有建筑师提菲斯·德·保布拉的图纸，他们根据特斯拉的要求，设计了建筑物，塔楼应该放置用于发射粒子束的基石。

特斯拉的朋友米洛斯·托西奇说，特斯拉曾多次指着保险箱对他说，在箱子里保留了特斯拉可以远距离摧毁飞机的发明。

德国作家库尔特·多贝尔在1939年出版的《电子战》一书中，通过电子工具介绍了现代战争的各个方面，并与特斯拉联系，向他征求意见和建议。

在一封1939年11月4日的信中，特斯拉写道："你有非凡的想象力，但我的发现和展示的东西已经远远地超越了你最可怕的梦想。"

同年，特斯拉第一次以科学家的身份访问了南斯拉夫。在南斯拉夫，国王为他举行了八十岁生日的盛大庆祝活动，之后南斯拉夫政府决定每月向他提供四百美元的经济援助。

庆祝活动的主要组织者是工程师斯拉物克·波克姗，他还在布拉格、布尔诺、格拉茨、波提、巴黎、布加勒斯特、索非亚等地举行庆祝活动。

1936年，在贝尔格莱德，"尼古拉·特斯拉"研究所成立，旨在研究特斯拉的科学范式，并发展他对世界科学未来的影响。

特斯拉与"苏维埃俄国之友"合作过，他试图将他的粒子束武器的发明出售给这个新政权——苏维埃人民共和国联盟。

1934年，特斯拉在给一位朋友的信中说："苏联人要保卫他们祖国的边境线，他们正在考虑我提供给他们的建议。"

特斯拉向各国政府游说他的"光束武器"：英国、苏联、美国，以及所有抵抗德国的盟国势力。

在纳粹包围南斯拉夫之际，特斯拉十分焦虑，他想让自己的祖国使用这些武器。“一共需要九个基站，塞尔维亚四个、克罗地亚三个、斯洛文尼亚两个，这样就能保全我们的家乡了。”

在特斯拉的“光束武器”被各国政府冷落之后，他不由地叹息：“我的研究项目，已经走在时代前面太远了。”

特斯拉的“死光”武器没有在结束战争中发挥作用，阻止战争的发生也没有成功。但是，他为之努力的过程依然表现出他反对战争的意志和减少战争对人类带来的空前灾难的决心。

马克·瑟费博士在1988年国际特斯拉研讨会上发表了《尼古拉·特斯拉：激光和粒子束武器的历史》论文。他在文章中说：“粒子束武器是如此高级别的秘密，特斯拉的工作和论文被系统地隐藏在公众视野中，以保护这一绝密工作痕迹的假设，特斯拉的技术可以像‘自由能源’无污染地发电一样进行行星净化。与此同时，他被认为发明了可用于战略防御计划的武器。”

在最近的美军正在开发的武器数据中，可以看到美军制造的激光武器与特斯拉设计的粒子束武器原型非常接近，也是利用射线进行远距离射击，速度极快，命中率极高，不管是对静态物体还是对移动物体，包括飞机、舰船，只要锁定目标，扣动控制器按钮，目标就会应声而倒。

西方国家正在研发的粒子激光武器

特斯拉的“死光”武器不是死亡之光，而是祈求和平之光。

第十一章　做战争终结者

莫斯科保卫战

1941 年，苏联第一次使用特斯拉的气象控制武器。当时纳粹德国已经占领了波兰和巴尔干诸国，下一个目标便是向苏联进攻。苏联为了抵挡德军的疯狂进攻，准备首次使用刚刚研究出来的气象武器。

特斯拉的气象控制技术，是他在 1897 年发明的。

1897 年 10 月 18 日，特斯拉向美国和苏联专利局申请了“利用特斯拉变压器，向高空稀薄空气传输高电压电流”的专利申请，1900 年 12 月 30 日获得发明专利。

1898 年，美国《电气评论》杂志上刊登了一则消息：特斯拉想要向天空发射电波，与大气中的离子层对接，制造出人工闪电，以达到改变天气的目的。1899 年的斯普林斯的特斯拉线圈制造出人工闪电的时候，特斯拉更加确定了他的判断。

1890 年，特斯拉发现了这个自然界形成的现象，他通过改进的无线电接收器听到奇怪的声音，他开始实验，看看是否有可能利用大量的电能来改变气候。在大气的非暴风雨期间，返回传导电流在电离层和地球之间流动，电路在地面和风暴云之间完成，通过传导、对流、闪电、放电和降水的组合，电流起到对电离层的干扰作用。

1900 年 6 月，特斯拉说："时间非常接近，我们将完全控制大气中的水分沉淀和温度降低的时间。"他推测，十赫兹的极低频（ELF）光束通过地球反弹进入电离层，将在地球上空五十千米处开始电子共振。这将通过在云层上方引起电子击穿并迫使它们以非自然方式释放能量和水分来影响雷暴。

特斯拉系统涉及使用巨型放大发射器，充当全球发电机并人为地创造相同的全球电磁电路功能，这些功能自然地由闪电和雷电的暴风雨活动所产生。

特斯拉的想法，在美国一直没有机会亲自实现，但是，在地球的另一边，曾经在第比利斯气象观测台做过气象员的斯大林，被特斯拉的气象控制技术深深地吸引了。

斯大林命令，苏联在二战时期在西伯利亚的科学城开始研究特斯拉气象控制，发展天气控制系统。苏联购买了特斯拉的气象控制研究成果。

1941 年，德国气象学者弗朗茨·鲍尔，根据俄国一百五十年的天气记录分析，明确保证 1941 至 1942 年的苏联是个暖冬。但是，当德国军队开始向苏联大举进攻的时候，1941 年苏联境内的气温达到零下五十二摄氏度的低温。

1941年6月，德国集结了五百五十万大军，从三个方向对苏联发起了闪电入侵。

由于德军进攻过于突然，苏联人几乎没有任何防范。因此在战争刚开始几个月里，苏联军队不堪一击，节节败退。德军在极短的时间里，全线深入了苏联国境。

十月德军大举进攻莫斯科，朱可夫将军组织莫斯科保卫战，启用了特斯拉的气象控制技术——“台风”计划。

一个月暴雨不止，让苏联的土路变成泥沼，坦克和重型武器陷入其中不得动弹，不得不依靠拖拉机或者牛马车来牵引，这极大影响到德军的推进速度。德军步兵在泥泞的路上艰难向莫斯科跋涉，在齐腰深的泥水中拼命往前。没有坦克协同，没有空中支援，重型火炮也被丢在身后。

刚刚进入十一月，莫斯科就开始鹅毛大雪，地面被冰冻住。每天都是大雪，积雪很深，最深处齐胸。对于孤军深入的德军来说，从将军到士兵，都吃尽严寒的苦头。

希特勒曾经乐观地表示：“冬季到来前致敌于死命。”希特勒做梦也没有想到，苏联启用了特斯拉气象控制技术，使历史上最严寒的冬天，提前到来。十二月初，气温跌到了零下四十五摄氏度。如此严寒之下，大部分德军还穿着夏装，结果大量人员冻伤冻死。

十二月，希特勒赶制了二百万套棉衣支援战场。等棉衣到位后，莫斯科战役已经结束。

特斯拉的气象控制技术，助莫斯科保卫战大获全胜。德军共有五十个师遭到重创，伤亡近六十万人，损失坦克一千三百余辆，火炮两千五百门，汽车一万五千多辆以及大量技术装备。这是德军自开战以来遭到的第一次大败。

德军走下神坛，常胜不败的神话被打破。

据解密的苏联档案，斯大林命令苏联科学家运用特斯拉的气象控制，进行人工降雨。在秋初德国刚开始进攻的时候，苏联很多地方强烈降雨，降雨的作用有两点：一是使天气快速降温，二是使道路泥泞无法前行。果然，这个目的达到了。秋末，苏联开始大幅度降温，莫斯科周边迅速达到零下四十摄氏度的低温。德军的坦克部队被陷于泥泞的路上行进极其缓慢，紧接着气候突然变得异常寒冷，德军重武器和装甲部队全部受困，使希特勒速战速决地占领苏联的战略目标化为泡影。不但如此，莫斯科保卫战也彻底改变了战局。四年之后，苏联军队的战旗飘扬在德国柏林的大地上。这就是苏联第一次使用气象武器所取得的重大胜利。

比原子弹更强大

1940年，美国启动了“凤凰计划”，该计划就是按照特斯拉的气象干扰原理而设立的。

1943年初，美国一个小分队的士兵突袭德国占领区的波兰，采取人造浓雾的天气来掩护部队进攻。但是，浓雾出现之后，小分队也随之消失了。这之后，美军进入意大利阵地，采取飞机喷洒干扰伏尔加河沿岸地区，人工制造了五千米长的浓雾层掩护士兵渡河。

1949年，在杜鲁门总统的授意下，美国军方在佛罗里达的达帕坦湾空军基地建立了著名的“麦金莱”气候控制实验室。该实验室距亚特兰大市六小时车程，今日占地面积为三十平方千米。实验室最初建造目的是测试各种最新武器在各种天气状况下的实战能力，即武器实验为主，天气实验为辅。但由于美国对于天气控制掌握的数据越来越多，人们发现控制天气作为武器竟然要比原子弹的力量更强大，实验室便成为天气测试和武器测试并重的机构。

现在该实验室已经可以利用对世界各地气候、天气状况进行模拟，达到在人工天气控制的同时，来测试最新武器的战斗性能。另外，由于实验室可以模拟任何天气状况，美国特种部队和海军陆战队也把这里作为实训基地之一。据不完全统计，这个实验室至少已经接纳过美国三军以及海军陆战队四百架次飞机、七十多项导弹系统、近三千次军事装备的实地气候检验。通过武器效能测量，以此数据作为未来武器研制和发明的蓝本。

在武器实验的同时，实验室也制造了十多种可以在实战中操作的天气武器，可以有效地配合美国军队战争的需要，而这些天气武器也确实在二十世纪末以后的二三十年间派上了用场。

曾经担任过美国国防部国际研究和技术协会的专家劳维尔·彭特透露，美国中央情报局和五角大楼曾于1970年对古巴实施了代号为“蓝色尼罗河”的气象战演习并取得了良好的效果。美军对古巴“上游”的云层播撒碘化银，使带雨云层在到达古巴之前先把雨降落下来，造成了古巴反常的干旱天气，严重影响了古巴境内的农作物生长，使糖类作物的生产没有完成预定的指标。

1976年7月4日，苏联开启了三个巨大的四千万瓦特频率为十赫兹的极低频特斯拉放大发射器，播放巨大的脉冲电磁场，启动气象控制实验。这个信号的特点是像密码机一样，每次敲动十下，然后间隔一秒钟，再次敲动十下。其频率范围更是集中在非常危险的十赫兹极低频段，因此听起来像嗡嗡声或是啄木鸟发出的声音。开始人们都不知道这是一个什么信号。

但后来美国气象组织突然发现，北美天气在出现这种信号后经常发生异常，于是才开始重视起来，把该信号命名为“俄罗斯啄木鸟信号”，同时开始寻找其来源。经过多方侦查后才发现，原来这个信号来自苏联地区乌克兰境内的基辅。该地架设了一面特大的发射架，不停地向空中发射极低频电波，在空中形成巨大的阻断层，使高空的气流改变路径，并且将正常天气气流的前锋阻断。

这些特斯拉发射器产生巨大的“站立式”极低频波，形成一个巨大的高压阻挡系统，改变喷射流的正常模式，迫使它向北，并实际上减慢系统的正常流动模式来改变天气。

根据 1981 年 2 月的《步调新闻》报道，苏联人曾经在 1980 年将他们的极低频“啄木鸟”信号关闭了一小段时间。报道说：“在这段电波沉睡时期，北半球的高空气流归于正常。但随着苏联极低频发射的恢复，气流又一次受到持续的高压脊影响而发生偏离。”这是极低频控制天气形势的又一实证。

《窥镜》杂志描述了俄罗斯的极低频效应：某些频率的电磁信号可以通过地球传播，根据使用的频率、聚焦、波形等，可以诱发各种影响，例如：引起地震；遥远的集合点，目标区域上层大气的严重干扰和异常的天气影响……这些被称为特斯拉最初发现的“特斯拉效应”。

在俄罗斯实验开始一年后，美国政府进行了一项极低频实验，在威斯康星州北部六个县制造了巨大的降雨。高达每小时一百五十七千米的风速摧毁了一个广阔的区域，极低频产生的风暴摧毁了威斯康星州的菲利普斯，还摧毁了三十五万英亩的森林，并造成了五千万美元的损失。

行星清洁能源协会（PACE）《时事通信》描述了这场风暴：“暴雨活动被描述为当雷暴云的顶部倒塌导致大量风力直降时发生。美国政府的发射器发出大约一百二十万瓦特能量进入地面。接地连接位于天线的两端，另一端连接形成一个天线环。通过改变频率来发送信号。天线在下午一时开始传输，从七十六赫兹转换为七十二或八十赫兹脉冲，速率为每秒十六次。设置共振电路的极低频变送器的动作重复了雷暴活动期间在自然界中发生的过程。”

气象干预在美苏之间越发不可收拾，世界各国的担忧也越来越重。1976 年 10 月 10 日，联合国通过了“禁止军事或者任何其他敌对性利用环境改造”的条约。该条约在 1978 年 10 月 5 日正式生效。1992 年，联合国又制定了《联合国气候变化框架公约》，再次肯定禁止改造气象用于军事的条约内容及其意义。

麦克·卡苏度沃斯基于2000年11月26日发表了《气候变化：华盛顿的新世界秩序武器》一文，他说："美国人和俄罗斯人已经具备了操纵世界气候的能力。"

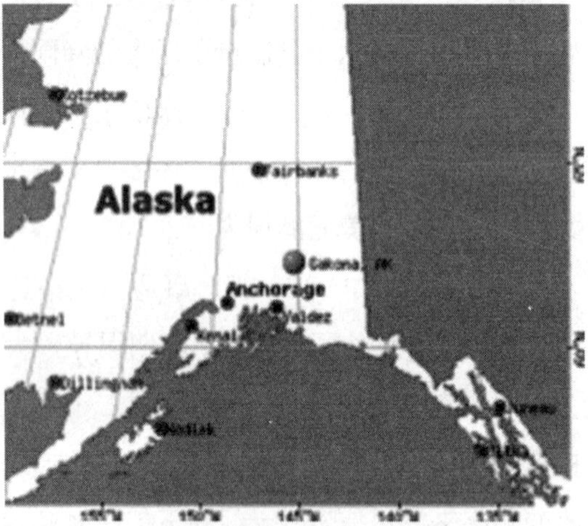

HAARP 在阿拉斯加的区位图

HAARP 天线发射矩阵示意图

世界著名科学家汝萨利·博通博士证实："美国军事科学家正致力于将天气系统作为潜在的武器。"

戈科纳前哨基地，位于美国阿拉斯加州威廉王子湾以北，被悄然建造。这项价值三千万美元的项目委婉地命名为HAARP（高频主动极光研究计划），旨在将超过一千七百兆瓦（十亿瓦）的辐射功率发射到电离层——地球大气层上方的带电层。最近的科学证据表明，HAARP已全面运作，它是作为战略防御计划的一部分，并有可能引发洪水、干旱、飓风和地震。从军事角度来看，HAARP是一种大规模杀伤性武器。它可能构成一种征服工具，能够有选择地破坏整个地区的农业和生态系统。该装置是射电望远镜的逆转，只是传输而不是接收。它将"沸腾高层大气层"，在扰乱电离层后，辐射将以长波的形式反弹回地球，穿过我们的身体，地面和海洋。

HAARP系统旨在操纵电离层，电离层位于地球上方约三十千米处。地面上的发射器或HAARP设备是一个相控阵天线系统、一个大型天线场，设计用于聚焦射频能量以操纵电离层。射频能量可以通过其他发射器永远不可能的方式或在新设施的功率水平上进行脉冲、整形和改变。

天线阵列被称为电离层加热器。大多数情况下，电离层加热器由大学和研究机构运营。斯坦福研究所（SRI）国际公司利用国防核能机构的资金开发了许多高频传输程序。然而，为HAARP建造的最新的多用途工具是从菲利普斯空军基地开始的。

美国第一个大型电离层加热器是1960年代在科罗拉多州的普拉特斯维尔建造的。1983年，发射机和天线阵列从科罗拉多州迁移到阿拉斯加费尔班克斯以东四十千米处。彼尔姆国家研究小组是那些赢得海军合同，使用那里的高功率极光刺激（HIPAS）设施进行实验的人之一。

宾夕法尼亚州立大学的一篇文章说，“阵列控制允许在十微秒内将光束回转到顶部三十度锥体内的任意位置。”

莫斯科国际文传电讯社报道：俄罗斯国家杜马对美国开发一种定性新型武器的计划表示担忧。“根据高频主动极光研究计划（HAARP），美国正在制造新的整体地球物理武器，可能影响整个地球。”国家杜马在发布的呼吁中说。

克莱尔·齐克尔在1990年代，曾在数据管理工作中担任跨国石油公司的会计师。他在安克雷奇郊外的一个三千平方米的房子里接待朋友，房间的墙上有一扇可以俯瞰库克湾的窗户。

1993年10月，克莱尔的好友吉姆来到他家探访。吉姆是阿拉斯加航空公司的一名飞行员。在饭局的闲谈中，吉姆提到他在一次飞行员会议上听到过一个名为HAARP的政府项目，该项目正在安克雷奇东北部“灌木丛中”建设。

吉姆第二天给他发了一份传真，上面写着HAARP是军事机构选择的首字母缩略词，用来命名他们的项目，其中包括地面上的大量天线，在调频上射出数十亿瓦的电磁能量穿过大气层。这将是世界上最大的载波！

吉姆担心这个 HAARP 项目所发出的电磁能量会对飞机上的机载系统产生什么样的电子干扰。那天晚上，克莱尔坐在他的短波设备前向无线电操作员询问 HAARP 发射器的事情。他了解到，也有其他国家将类似的电磁能量发射到高空进行实验已经很多年，但是 HAARP 将是最强大的，在高层大气层中具有前所未有的能量粒子功率水平。

“这件事对于高层大气有什么影响？”克莱尔想。

克莱尔还担心这样的装置是否会使迁徙的鲑鱼迷失方向，因为使用地磁场是它们作为返回产卵场路线图的一部分，而人类发现了鲑鱼大脑中的磁敏感材料。因此，磁场的变化会令人困惑。于是，他向阿拉斯加政府发出了询查信函，同时订购了 HAARP 环境影响声明的副本。他收到一份来自空军的 HAARP 情况说明书，说明书里只能看到这套装置是用于国防军事计划中跟踪潜艇的位置以及预测气候可能发生情况的。

克莱尔组织当地的环保主义者一起向政府提出了抗议，要求政府对 HAARP 计划给出合理的解释，抵制 HAARP 计划在阿拉斯加建立。但是，政府和军方给予的答复无法令他满意，他也无处去申诉。于是，他写了一篇题为《荒野中的怪物》的文章，并将其发送给旧金山《地球岛》杂志的编辑加尔·史密斯。这篇文章登载之后，HAARP 计划才浮出水面，进入普通百姓的视野。

特斯拉改变气候，让天气为人类服务的美好愿望，却成了世界霸权者新的武器，这是特斯拉始料不及的。

地球正在成为一个受到干扰的星球，人类正在做着令人不安的事情。

苏维埃发来的唁函

1943 年 1 月 8 日，一个寒冷的早晨，特斯拉的酒店房间门外，挂着“请勿打扰”小牌子，谢绝会见客人。

“请勿打扰”的小牌子，挂到第三天还未取下，酒店服务员打开门进到房间，发现特斯拉已经死在床上。

助理法医 H. W. 温伯莱验过尸体，判断死亡时间是 1943 年 1 月 7 日晚 10 点 30 分，“因心脏衰竭，在安睡中死去”。

尼古拉·特斯拉逝世，享年 87 岁。

对自己的一生，特斯拉有着一贯谦卑的总结：“我只是个平凡的人，没有什么特殊的能力。宇宙中的任何一小部分都包含整个宇宙的所有信息，在其中藏着的某个神秘数据库又保存着宇宙的总体信息，我只是很幸运地可以进入这个数据库去获取信息而已。”

“我看待钱的方式，和其他人不一样。我所有的钱，都是继续投资发明创造，以此来改善人类的生活。”

“我的一生，致力于为人类提供永不枯竭的能源。我们需要发展，从永不枯竭的资源中获取能量。现在我向你们一步步展示的，就是我，如何最终实现我梦想的过程。”

1943 年 1 月 10 日，纽约市市长菲奥雷洛 · 瓜迪亚在电台中播发特斯拉的讣告：

“尼古拉 · 特斯拉，一位 87 岁的老人，一位特斯拉线圈、感应电动机以及上百项电气装置的发明者，昨晚，在我们的纽约市，在纽约客小旅馆，在简陋的旅馆房间里去世。

他去世时一贫如洗，但他是这个世界上为人类造福最多的人之一。如果将他的发明从我们的生活中抽走，工厂车间将停止运转，电车和汽车将停止转动，我们的城市将陷入黑暗。其实，特斯拉并没有离开我们，他的生命，已经深刻地融入进我们的现代文明、我们的日常生活、我们目前为战争所做的一切努力之中。”

1943 年 1 月 13 日，苏维埃共和国联盟最高领导人发来了唁电，高度评价了特斯拉伟大的一生。

全文如下：

尼古拉 · 特斯拉，一个幻想家、发明家，也是世界上第一台实际可用的交流电发电机的发明人。他的一生，改变了全世界电能的大规模开发和应用，从直流电系统变成交流电系统，现在到处在使用。他是交流电机和感应电机的创造者。他是发明、设计、制造、运行输送和接收无线电设备的先驱，他不仅仅是第一个采用无线的方式输送大量电能的人，也是第一个以他自己的方式，利用他的无线输电站，从远处将交通工具成功移动。他所用的交通工具是船只，完全采用无线电传输的电能运行和控制。他是“特斯拉线圈”的发明人和制造者，开发了超高压的电能和电流，他成为该研究领域最勇敢的实验者，因而成为人类第一个传输上百万伏电压电流的人。

他是第一个掌握制造紧凑和重量极轻的高速蒸汽发电设备的人，他也是第一台高速、转碟、粘性汽轮机的发明人和制造者。他作为一个闻名于世的有高度使用价值的机械和电力设备的杰出制造者，在无线电和电子领域，毫无疑问他是一名杰出的先驱。他明确预见，远远早于其他人，开发了许多后来和现在都在使用的设备。他是在整个应用物理领域最有先驱性的人物。尼古拉·特斯拉是历史上最伟大的两个电气方面发明家之一，在他自己的领域，他是世界上最伟大的交流电和高压电流方面的天才。

尼古拉·特斯拉，列宁的朋友，艺术家，哲学家，勇敢的科学探险家，人民深切悼念您，您所给予人们的远远超过你所得到的，在发明和科学界的同行将怀念您，您是一个无法替代的人。

苏维埃社会主义共和国联盟主席团主席

约瑟夫·维萨里奥诺维奇·斯大林

苏维埃社会主义共和国联盟首席工程师和发明家

罗伯特·肯普执笔

苏维埃社会主义共和国联盟驻纽约办事处主任

特洛伊送达

第十二章　特斯拉的遗产

特斯拉博物馆

特斯拉的遗体，被安葬在哈德逊河边的费恩克里弗公墓。

1957 年，他的骨灰被运回故乡，安葬于贝尔格莱德的尼古拉·特斯拉博物馆。

特斯拉没有留下任何书面遗愿，只有对他最亲近的堂兄的儿子科萨诺维奇有口头表述。

科萨诺维奇表示，特斯拉最后的愿望是他的个人和科学遗产被运回到他的故土。虽然这位科学家于 1893 年 6 月 2 日和 3 日在贝尔格莱德只停留了两天时间，但他的最后遗嘱还是被认可。

当年特斯拉在贝尔格莱德受到了欢迎，他受到年轻的塞尔维亚国王亚历山大·奥布雷诺维奇和来自国内民众的欢迎，那种让人激动的场景一直萦绕在特斯拉日后的生活中。1936 年，尼古拉·特斯拉科学研究所在贝尔格莱德成立，科学家们继续他的研究工作。

当特斯拉于1943年在纽约去世时，他的侄子科萨诺维奇承担特斯拉全部资产的法律保护，并在第二次世界大战后将特斯拉的部分私有财产转移到贝尔格莱德特斯拉博物馆。

特斯拉把所有这些捐赠给了南斯拉夫，除了他被“保管”在美国政府FBI的“无年限国家安全秘密”的研究文稿。

尼古拉·特斯拉博物馆，成立于1952年，位于塞尔维亚贝尔格莱德的市中心。博物馆于1955年10月20日由塞尔维亚最著名的建筑师德瑞格萨·布瑞苏万设计并建造完成向公众开放。

贝尔格莱德尼古拉·特斯拉博物馆

博物馆内，包含原创展品与大量重建特斯拉专利的模型，以及特斯拉家乡的礼物、数百张照片和超过十五万份档案。特斯拉的私人图书馆，对于他的科学和哲学研究的来源是非常宝贵的，特别是对于他熟悉的数学和音乐部分。

博物馆的参观者，首先注意到尼古拉·特斯拉的半身像——克罗地亚雕塑家伊万·梅斯特罗维奇的作品。

特斯拉博物馆内景

除了许多照片外，还有特斯拉的个人文件：出生证明、卡洛维奇体育馆的中学文凭、奥地利帝国护照——他曾使用这本护照于1884年抵达纽约。还有他的家乡和斯米连教堂的照片，以及一些科学家的私人信件：马克·吐温、爱因斯坦、开尔文、伦琴、克鲁克斯、米利肯、波波夫、普平、李德森林、阿姆斯特朗、康普顿、罗伯特·安德伍德·约翰逊、约翰·乔布·奥斯塔、J.P.摩根等。

参观者还可以看到特斯拉的笔筒、一根手杖、一个旅行包、一个墨水瓶以及日常使用的一些小东西。

特斯拉家族的照片也有比较详细的介绍。来自利卡的刺绣手提包由他的母亲久卡手工制作，他将手提包始终带在身边，作为伴随自己一生最美好的记忆。

这里还保存了特斯拉线圈、他用过的尺子、电子测量仪器、分析天平和一个医疗仪器（他的个人电子组件的高电流场发射器）。

特斯拉的科学创造力和发明分为五个部分：电力、交流系统及其应用、特斯拉的变压器、带遥控的无线电传输和机械工程的复制品。

多相交流电的生产、转移和使用领域的专利包括异相和同步电动机、多相系统的发电机和变压器、连接电路的方法和不同的电开关。

1895 年为西屋公司制造的两相交流电也是最重要的展品之一，也就是保存的原装感应电机之一。

一系列工作模型展示了特斯拉旋转电磁场思想的起源。1825 年阿让果的实现交替曲线旋转铜板；使用 1887 年美国物理学家拜雷形成的具有换向直流和不可移动电磁的发动机模型；特斯拉的两相模型发电机，具有异步和同步电动机的作用。

根据特斯拉的模拟水力发电模型创建的布局，用于更完整地引入旋转电磁场的物理原理，并且在两个线性定向场的向量加法的视觉显示中，指示了力学和电磁学相互的区别。

1893 年，在芝加哥举行的世界博览会上，特斯拉展示了他著名的感应电动机，其转子是一个自由旋转的金属蛋。该型号与带转子短路的感应电机一起，说明了特斯拉多相系统最重要的部分。

除此之外，还有来自尼亚加拉瀑布水电站发电机板块的复制品。该水利设施投产的日期是世界电气化的实际开始之日。

此外，具有三相交流电的小型水力系统模型还显示了特斯拉发明应用于尼亚加拉的所有重要元素。

在最有趣的展品中，特斯拉无叶片涡轮机、泵和转速计的发明以其独创性引起了人们的注意。

这些发明已在现代工业中应用。

特斯拉在高频电流和高电压领域的展示是用他的振荡器模型和特斯拉线圈的大型模型——特斯拉变压器来表示的。有史以来第一次，他获得的电压高于百万伏特和电流频率超过十分之几赫兹。

这些实验的结果甚至在今天还促使世界各地的科学家重建特斯拉的线圈和振荡器。

特斯拉在科罗拉多斯普林斯的工作日记中宣布了他的实验。

博物馆展示的特斯拉遗产中，一个高频振荡器，一个大变压器，电压为五十万伏，安装在博物馆的中央房间，供参观者用于实验霓虹灯管的远程照明。

特斯拉在X射线的实验中，与伦琴平行，参观者可以看到特斯拉用克鲁克斯管拍摄的手掌和脚部骨架的图片。

能量的无线传输是特斯拉工作的一个特殊部分，但仍未得到充分研究。博物馆的讲解员向参观者演示特斯拉无线传输的示范。在启动特斯拉线圈之后，线圈发出的高频电压会点亮挂在远处的灯管，这是最早期的霓虹灯。

第一台远程自动机——一艘于1898年获得专利的遥控船，开启了远程自动化和电信新时代的篇章。沃登克里弗塔建在纽约附近的长岛，是复杂的电磁振荡器，适用于从超低到极高范围发射大范围的电磁频率。低频率与电离层、大气层和地球的共振频率一致，是特斯拉远程无线能源传输的理想设计。

除了特斯拉的手稿和绘画之外，博物馆档案还保存了他与超过六千七百名记者的通信，以及来自期刊和报纸的许多珍贵剪报，其中有关于他的文章和他感兴趣的科学与技术问题。

作为特斯拉遗产的一部分，也许是图书馆收藏中最有价值的部分——剪报。虽然特斯拉拥有的书籍和杂志可以让我们评估他在科学领域的兴趣和文学品味，但这些剪报让我们深入了解了他的社会背景和他从公众和专业界得到的回应。

从特斯拉的个人遗产中收集的新闻剪报和报纸包括装订剪报和未装订剪报、带有剪报标记的报纸、未注明的报纸和整版报纸。这些剪贴画有57张个人专辑，据估计有2万多张。原始记录保存在根据主题的卡片索引中。特斯拉指示他的同事和秘书从期刊上剪辑文章，其中大部分涉及他在欧洲和美国的工作和活动。这些文章主要按主题（能源、电化学、遥控、X射线等）分类，其中包括按时间顺序。每一篇文章都是用剪辑的源代码手工注释的。对这一材料的详细检查表明，特斯拉还从事专门的剪报服务。

除了与特斯拉有关的文章外，这里还可以找到对从事同一科学技术领域的其他科学家和发明家的研究。这些物品分类的有条不紊的方式证明了特斯拉对收集和利用信息的巨大投入和技巧。如果我们还包括收集和交换信息的所有其他来源，很明显，特斯拉创造了一个我们今天称之为互联网的模拟版本。这就是说，他有自己的有组织的信息网络，这些信息被索引、描述并安排在他整个信息来源系统的适当位置。

除了包含特斯拉生活和工作的独特信息外，这些剪报还反映了特斯拉进行研究的社会和科学氛围。对于任何一位科学史学家来说，它们都是十九世纪末二十世纪初科学技术事件的重要信息来源，所有这些信息都可以在一个地方获得。

博物馆一个单独的房间里，在一个石头基座上，有一个球形的金色罐体，那里存放着特斯拉的骨灰，于 1957 年从纽约搬到贝尔格莱德的尼古拉 · 特斯拉博物馆。

在博物馆参观结束的出口处，特斯拉死亡之后被复制的面部像被安放在玻璃橱窗内。旁边竖着一块美国发明家阿姆斯特朗对特斯拉评价的牌子，上面写道："世界将需要等待很长一段时间，才能得到与特斯拉相同的思想……"

南斯拉夫政府为了纪念特斯拉，在全国发行了印有特斯拉头像的货币，虽经国家几次变革，但是，货币依然在塞尔维亚流通。

塞尔维亚人民为了纪念特斯拉对人类的巨大贡献，将原来的贝尔格莱德国际机场改为尼古拉·特斯拉国际机场。

2016 年是尼古拉·特斯拉诞辰欧宝；一百六十周年，为了纪念这位伟大的发明家、科学家，塞尔维亚总统尼科利奇，在巴尔干地区最大的东正教堂，亲自为特斯拉铜像揭幕。

他在揭幕式上说："尼古拉·特斯拉一生致力于向全世界、全人类提供发明，而不是为特定某个国家效力。在特斯拉的眼中，世界是平等的，这也是他一生的追求。"

为什么特斯拉去世这么多年后，仍在吸引许多现代科学家呢？他们在特斯拉的日记和笔记中寻找什么答案？他们对研究他的科学遗产有何期待？

特斯拉不仅是技术和科学思想家，还是哲学家，有着对事物判别的特殊洞察力，对自然法则和发明原理的看法同样具有深刻的个性和正确的世界观。

如果你忽视那些在特斯拉博物馆的档案中寻求"秘密武器"而徒劳设计的人，那么我们将继续解释为什么"新技术"的工程师以及"环境安全能源"的倡导者，几十年来一直试图找出特斯拉未发表的可能不成文的"理论物理学"。他们的目标是重建特斯拉关于物理现实的思考以及他当时未知的科学假设系统，这些系统指导着世界科技的前进方向。

众所周知，特斯拉所采用的电磁学与大学教育有所不同，他对引力的理解不同，他对物质结构的看法不同。

如果特斯拉的实验不那么有效，不那么令人惊讶地精确化，并且通常不会实现他预测的结果，那就不会有任何重要性。

特斯拉在实践中，成功地使用对我们来说神秘的简单数学和逻辑学，这远远超过他的许多同时代人。

特斯拉通过他的创造力展示出符合自然本身的能力，这将使科学家们始终如一地进入他的博物馆进行探索和思考。

以太，无限的可能

特斯拉独特的以太概念类似于古典的以太“气体”理论。特斯拉的以太是一种稀薄气体，极富弹性。它允许可称量的物质完全自由地穿过它，在里面的波形成的电磁波和静电、重力和磁力，都与以太相关。

特斯拉在 1900 年前的关于高电势交流电的演讲中提到，他的以太可以被“极化”，通过一种特别高频的交流电和单一终端的线圈形成“网格”，他让两块金属板“悬浮”在空气中，让它们之间的空间“秘密地”固定在一起，这种演示的效果被称为“特斯拉效应”。

特斯拉说，他的以太是沉浸在一种绝缘介质的传送体，是空气作为传送体，绝缘介质是以太。

“我曾经研究过基利的实验，直到出现了爱因斯坦关于以太的讲座，该讲座于 1920 年在荷兰莱顿举行。在研究了反对以太存在的尖锐的相对论之后，我立即理解，官方最后拒绝物理、物质科学、空间和时间中的以太，是犯了同样一个错误。

到目前为止，科学家们试图定义以太，解释并给出它的物理模型的想法还没有实现。

物质空间关系的真正解决方案是找到它们共同的名称。在此之前，关于以太真实性质的问题将无法回答。以太是一种流动的物质或可思考的空间，或具有确定材料特性的空间。”

特斯拉还说：“爱因斯坦的思想是积极的，没有比观察者和感知的数学更深入，这就是为什么他没有成功地用独特的场理论诠释世界。根据我的观点，爱因斯坦的主要障碍是他坚信时间确实不存在，因此他无法将本体、数学和物理学、生物、点数、数量和时间的基本概念联系起来。1920年，爱因斯坦在许多场合声称以太不存在。直到那一刻，物理学才开始进行哲学思考。”

以太作用于创造力，赋予生命，并被投入接近光速的“无限小漩涡”，成为微小的物质。当力减小并且运动停止时，物质会恢复到以太。

特斯拉八十二岁时，他没有在晚宴上发言，而是发表了一份书面声明：“我已经在其所有细节中解决了一个动态的引力理论，我希望很快就能将它传递给世界。它解释了这种力量的起因以及天体在其影响下的运动，如此令人满意地结束了它可能会是一种空洞的猜测和虚假的概念，就像弯曲的空间一样。根据相对论者的说法，由于天体的固有特性或存在，空间有弯曲的趋势。由于行动和反应是共存的，因此所谓的空间曲率是完全不可能的。然而，即使它存在，它也不能解释物体的运动。只有引力场的存在才能解释它们，而这种假设适用于空间的曲率。所有关于这个主题的文献都是徒劳的，注定要被遗忘。”

关于引力的现代思考表明，当一个重物移动时，它会发出以光速辐射的引力波。这些重力波的行为类似于许多其他类型的波。

特斯拉最伟大的发明都是基于对波的研究。他一直认为声、光、热、X 射线和无线电波都是相关的现象，可以用同样的数学来研究。他与爱因斯坦的分歧表明他将电的研究扩展到引力波。到了二十世纪八十年代，科学家对双中子脉冲星中能量损失的研究证明他是对的，宇宙间存在重力波。

特斯拉引力是场效应的观点，让许多现代科学家更认真地对待它。

特斯拉从未直接地提到“时间—空间”，而是提到了“原质”的概念。他认为时间只是人为地对事物运行的“测量”，犹如在某段时间内的一段旅行距离。他认为“弯曲”的空间是荒谬的，提出如果一个移动物体的弯曲空间与物体在空间的反作用力是“相等并且相反”，那么“会把空间拉直”。

在一辆变速运动的火车上，我们会明显感受到火车加速、减速带来的惯性力，这种惯性力是由火车加速、减速时造成的，人会感受到火车变速运动，感受到推力或拉力的作用。然而，在地球上生活的人却从未感觉到地球变速运动所产生的惯性力。

特斯拉的理论与相对论形成鲜明的对照，也就是能量不是直接地源自物质，反之亦然。但是，物质表现得像介质，让力作用于它，或者穿过它，没有了物质，便没有了能量。

所有这些能量来自环境，再返回到环境，给予物质生命，形成一种“封闭电路”。它无论白天还是黑夜，都是无所不在，在我们的宇宙中被每颗恒星“再次散发”，包括我们的太阳。

特斯拉知道每一个“有重量物体”都有一个电子容量，同样地、成比例地与周围的以太相互作用。地球就像一个带电的球体，猛力地掷向太空，被它的初级射线的力拴在太阳周围。

特斯拉发现导体表面的静电发射总是集中在表面弯曲的地方，甚至是边缘。曲线或角越明显，电子发射浓度越高。

特斯拉还观察到静电电荷将在导体表面流动而不是穿透它，这被称为法拉第效应。通过地球磁场观察到的太阳炫斑效果、极地的极光，也是这些高能量的“爆发”，高电压超负荷地分配到这些地区而产生。

特斯拉用特制的排空管来测量这些静电排放物，可以随心所欲地调节和观察波的变化，从而出现了“力的管子”。由于独立的电荷比率取决于物体被电子密度和容量所吸收，以一种向下的势来传播，产生了一种“引力场”的场效应。它是一种无止境的“回路环”，让我们宇宙的一切在不停地运动中，获得“任何想要的结果”。

这个“交换载体”是不变的，但为了阻止或降低它，可以运用适当的高压高频交流电。我们宇宙的每一种移动物体都贯穿在这种多向辐射中，与以太相互作用，因为所有的介质都有电子容量。重要的事实是，以太可以把较弱的、机械的力转换成一种更加强的电磁能。在一段时间里，这是一把掌握着提升“做功”的钥匙。这种交换在我们的宇宙里不断地发生，是一种无限量的力的“原质”。

特斯拉所属的量子力学、相对主义和传统主义是特斯拉物理理论的基础。特斯拉试图找到真相、时间、空间、能量和物质的真实本质，尤其是运动的本质。

普朗克常数、海森堡波函数、薛丁格的不确定性，是特斯拉时代宇宙现象量子力学方法的主要理论工具。量子力学的主要目标，是发现物质的基本粒子，至今仍在研究中。尽管在研究链式反应过程、原子核物理学、从轻元素核中形成重元素核的过程等方面取得了巨大成功，但许多事物仍然是神秘的，它们超出了技术控制范围。

特斯拉与爱因斯坦广义相对论有着根本的区别。他在亥姆·霍兹的声共振器理论和开尔文主导改进的以太模型的基础上创造了他自己的原始物理理论。该理论在他的实验中给出了出色的结果。

爱因斯坦是一位纯粹的理论家，特斯拉是一位实践者。

特斯拉与他同时代的其他物理学家一样，将“以太”看作是电磁能传播的媒介。自从所有人知道波是通过某种介质在宇宙中传播以后，科学界对“以太”学说认知度更加广泛。虽然我们可以看到光，但是却从来没有人能直接看到以太，而只能用间接的方法来确定。当然，即使是间接的方法，只要能用观测仪器来测定，也可以视为以太存在的证据。

“以太”是古希腊哲学家首先设想出来的一种媒质，被认为这种介质无处不在。十七世纪后，物理学家为解释光的传播以及电磁和引力相互作用而又重新提出。当时认为光是一种机械的弹性波，但由于它可以通过真空传播，因此必须假设存在一种尚未被实验发现的以太作为传播光的媒质。这种媒质是没有质量的，而且是“绝对静止”的，在时空的任意角落里“游荡”。电磁和引力作用则是它特殊的机械作用。

在具有欧洲文化风格的游戏中，经常出现“以太”这个名词，它一般是指能量的意思。例如，以魔法与科学并存的庞大世界观而出名的日本游戏《最终幻想》系列。在游戏中，以太代表能量或者魔法的含意，以此类推，“以太药剂”通常指的就是能量药剂或是魔法药水。

特斯拉发现并应用了以太基本特性的理论，这些理论构造了最初无限而均匀的以太。以太是宇宙主要媒介之一的假设，意味着任何一点都是假想的宇宙“中心”。这样一种媒介构成的定理，与几何球面上的当地位置理论有些相似。

特斯拉没有形成并讲解他的理论，但他留下了现代物理还无法解释的定律系统。以太发电机就是有能量的、有稳定电势的电磁球，在太阳系行星重力波下的同步电机，这种电机因为一些原因可以独立启动并可做出与行星运行排列相应的动作。它也可以在时间共振间隔结束后独立停机。另外，特斯拉设计了一种可以在一定高度悬停且具有反重力特性的金属盘，这个金属盘并不受地球引力的影响。

特斯拉关于以太是连接着空间和物质之间的基本媒介的观点，被排斥于正统科学思想之外，而这导致了创新物理思维的停滞。在科学界，那些勇于创造一种“新物理学”的人，正在越来越重视特斯拉的理论并认真地研究它。

引起科学界广泛关注的是利用特殊调制的超低频和超高频振荡产生的电离层辐射的实验。导致的结果可能包括气象控制，特别是飓风和大气压的控制，还涉及利用电磁共振远距离传递思维。

特斯拉认为：“思想也是电能，既然我们每时每刻都在储存电力，为什么我们不能继续下去呢？”很明显，技术上利用外部电磁波模仿人类思考是可能的。这是特斯拉控制论的观点。

“人类不过是宇宙力的‘自动机器’。”这是特斯拉在他的主要文章和演讲中所强调的。社会实验学家会说，很容易利用电离层的振荡激起人们大规模的情感冲动，包括全人类的集体无意识状态下的和谐相处。电离层是控制大规模的感情和思想的关键。1899 年在科罗拉多的实验中，特斯拉就明白了这一点。

结构化以太部分可以处于共振状态，也可以不处于共振状态。第一种情形，亚原子粒子——电子、质子、中子会发生浓缩。这些粒子通过共振的方法合成光子，就像特定的以太粒子合成光子结构的规律一样。非同时性的、非共振的以太粒子形成空间，在这里面共振光子形成物质。

特斯拉作为一个宇宙学家，有他自己的哲学和信仰。亚里士多德曾经声明在宇宙空间里存在更高的独立精神——以太实体，它设定了物质的运动，思考是它的属性。同样，特斯拉相信统一宇宙是物质和精神的结合体。

在宇宙空间有一种核心信息源，特斯拉能够感受到它发散到宇宙各处的和谐力量和含义。特斯拉无法猜测出这个核心信息源的秘密，但是特斯拉能感受到它的存在。当特斯拉想给它一些物质属性的时候，他形容为“光”；当特斯拉试图理解它的精神原则的时候，他用了“美”和“和谐”：“如果一个人从内心里保持这种信仰，他会感到强壮并快乐地工作，因为他觉得自己是和谐宇宙的一个分子。”

特斯拉在“人类最伟大的成就”中用诗词的方式表述以太的形状：

1. 光是以“以太”的形式充满在整个空间。

2. 以太是根据有生命的物体所创造的力量而动作。

3. 以太被以光速的速度丢进“极小的漩涡”形成有重量的物质。

4. 当力量减弱、动作停止时，物质就转化为以太。

特斯拉说："我已经做出所有的细节，也准备很快向世人发布。这解释了造成这力量的原因与天体运动是受它的影响，这也可以终止无效的推测以及纠正空间是扭曲的论述。认识不到以太的存在，以及它在现实世界里发挥的不可或缺的作用，所有对宇宙运作的解释都是无用的。"

开尔文勋爵曾经在补充特斯拉以太理论时说："特斯拉后来所有的重大发现都是如此。他系统的性质现在与过去几乎没有什么区别；他走了，带走了它。也许，如果从中分离出这种生活与以后存在的任何东西之间的沟通，特斯拉可能会瞧不起地球上的凡人，并找到一些方法来暗示他所取得的成就。但是，如果情况不能发生，那么我们必须等待，直到人类产生另一个特斯拉。当物理学家已经深入进入核裂变的量子力学过程和相对论时，特斯拉在他自己的以太理论的基础上，以他自己的方式研究裂变。"

有趣的是，威廉·R. 雷恩在他的著作《隐性以太物理学》中说，1938 年 5 月 12 日，特斯拉在移民福利院的会议中，提到引力的动态理论。

雷恩对特斯拉的著作作了进一步的调查与分析发现，如果想得到特斯拉完整的声明与原文件，是非常有限的，因为特斯拉的论文因国家安全的理由被"保存"在 FBI 的政府保险箱里。当雷恩于 1979 年向国家安全研究中心特别指定要这些档案时，因所要的资料是机密文件而遭到拒绝。

特斯拉有伟大的想法，而且快速地依他的理论前进。1938年，他说了两个他的发现：

1. 引力的动态理论：假设身体作用于周围的环境，引起同样的弯曲变形，无需空间扭曲。以太在宇宙里发挥着主导作用。

2. 环境中的能源是一个新的发现。能源是从环境中而来，这跟爱因斯坦的E=mc2（质能）相矛盾。

以太衍生出物质，是创造任何物质与能源的来源；以太变更地球的大小，控制地球季节（气候控制），引导地球的轨迹到宇宙，就像宇宙间的星球碰撞而制造出新的太阳、星星、热和光。

以太创造生命于无限。以太是光传播的介质。

以太是特斯拉为之追求一生的终极目标。

马克·吐温的预示

马克·吐温与特斯拉一见如故，成了忘年交。

特斯拉与马克·吐温的友谊非常深厚，即便是在马克·吐温离世后，他还像马克·吐温还活着一样谈论他。

一天，特斯拉又拿着一个包裹来到邮局。他要求邮局工作人员邮寄这个包裹。

“特斯拉先生，你要邮寄的包裹没有这个地址，它已经被退回来好几次了。”

“怎么可能，我过去经常给马克·吐温寄东西的。”

邮局工作人员告诉他：“这个地址真的不存在。”

望着特斯拉离去的背影，邮局的工作人员无奈地摇摇头，自言自语地说：“可怜的老人。”

1943 年 1 月初，一个寒冷的日子，特斯拉叫来为他送信的男孩凯瑞根，把一封密封好的信件交给他，信封上的地址是：纽约市第五大道南 35 号，塞缪尔·克莱门斯先生收。

凯瑞根冒着刺骨的寒风在街上搜寻这个地址，原先的第五大道南已经成为百老汇西街，并且这个区域没有人知道有一个叫塞缪尔·克莱门斯的人。

凯瑞根返回纽约客酒店，告诉特斯拉这个情况。特斯拉用非常微弱的声音解释道，塞缪尔·克莱门斯就是赫赫有名的马克·吐温，没有人不认识他。

他要求凯瑞根再去一趟。凯瑞根无法寻找到马克·吐温，就向他的上司请教，结果上司告诉他，马克·吐温已经去世二十多年了。

凯瑞根在严寒中艰难地回到特斯拉的房间后，他向特斯拉说明了情况，并试图把信件退还给特斯拉。

特斯拉勃然大怒，拒绝听这位幽默大师已经离世的话。“昨晚克莱门斯还在我的房间，”他说，“他坐在那把椅子上，和我谈了整整一个小时。他缺钱花，需要我的帮助。不把信交给他，你就不要回来。”

信差再次向上司求助，他俩一起打开那个信封，里面装着一张白纸，白纸包着大约25美元的纸币，这足够帮助一个老朋友支付一次小病所需的费用了。

马克·吐温去世六年后，他的小说《神秘的陌生人》出版了。在这部小说中，一位天使离开了天堂，来到地球上位于奥地利的一个小村庄。

在那里，他遇到了一群男孩，告诉他们宇宙的秘密。

如果我们认识到奥地利的小村庄是斯米连村和天使的形

象特斯拉，那么就会出现对人类命运和宇宙论的非常奇怪的解释。

在这篇短篇小说中表达的这种理论，与这位作家的其他故事不同。书中的天使讲述了所有人类的烦恼和不幸的根源。这一切都形成了书中所有事件的真实意义。

这些事件中的每一个都定义了未来，并链接下一系列的事件。正如他所认为的那样，人们的自由意志是一种幻觉，因为所有这些都是预先确定的，并且会产生可预测的结果。为什么?

因为给定的人类个体的身心结构在其元素的数量上是有限的，它遵循的有限数量可能的组合或生命能量等级可以和人们更高的生命意愿来回切换。

例如，当一个女人关闭或打开一扇窗户时，天使会参加活动，这是她预先确定的。此外，这位女性的命运将以另一种方式取决于她的具体行动，并将召集新的一系列活动。

这完全符合特斯拉关于一个人作为“宇宙力量的自动机”的想法，并且通过马克·吐温使用简单的戏剧工具清楚地表明了这一点。

最后，在天使离开他的朋友之前，让他们进入最后一个神奇的秘密通道，这对他们来说很难了解清楚，即不存在的秘密。

他说这一切只是一个想法。没有人，也没有任何东西存在：

“在一年多的时间内，撒旦继续进行访问，但最后他来的次数较少，而且很长一段时间他根本没有来过。这总让我孤独和忧郁。我觉得他对我们这个小小的世界失去了兴趣，并且可能在任何时候完全放弃他的访问。

有一天，他终于来找我，我喜出望外，但只有一段时间。他告诉我，并且最后一次他过来说再见。

他说，他在宇宙的其他角落进行了调查和研究，这使他忙碌的时间比我等待他回来的时间更长。”

“你要走了，不会再回来了？”

“是的。”他说：“我们在一起做了很长时间的朋友，这对两者都很愉快。但我现在必须走了，我们不会再看到对方了。“

“在这一生中，撒旦，但在另一个？我们肯定会与另一个人见面吗？“

然后，他平静而清醒地给了一个奇怪的回答：“没有其他人。”

一种微妙的影响从他身上吹走了我的精神，带来了一种模糊和昏暗，但又充满希望的感觉，似乎幸福就要来临。这些令人难以置信的话语可能是真实的——甚至必须是真实的。

“你有没有怀疑过这个，西奥多？”

“没有。我怎么能？但如果它只能是真的。”

“是真的。”

一阵感恩之情在我的胸膛中浮现，但是在用文字发出之前有一个疑问出现过，我说：“但是，我们已经看到了未来的生活，看到它的现实等等。”

“这是一个愿景，它没有存在。”

因为在我身上挣扎的巨大希望，我几乎无法呼吸。

“愿景？生活本身只是一个愿景，一个梦想？”

“这是电气的。老天为证！在我的沉思中，我曾经有过这么多次思考！”

“什么都不存在，一切都是梦。上帝、人、世界、太阳、月亮、星星、旷野、梦想，他们不存在。除了空间，什么都不存在，而且你在哪里？”

“一世！”那个声音从远处飘过来。

“你不是你，你没有身体，没有血，没有骨头，你只是一个想法。”

“我自己没有存在，我只是一个梦想——你的梦想，你的想象力的生成。在一瞬间你会意识到这一点，那么你就会把我从你的异象中驱逐出去，我会消解在你制造的虚无中。”

“我已经灭亡了，我失败了，我要去世了。”

“在不久的将来，你将独自一人在无岸的空间中，在没有朋友的情况下永远漫游其无限的孤独，因为你将保留思想，唯一存在的思想，并且你的本性是不可熄灭的，坚不可摧的。”

“但是我，你这可怜的仆人，已经向你自己启示并让你自由。梦想，比其他梦想，更好！”

“奇怪！几年前你不应该怀疑，因为你已经存在，伴随着所有的永恒。”

确实很奇怪，你不应该怀疑你的宇宙及其内容只是梦想、幻想、虚构！奇怪的是，因为他们是如此坦率和歇斯底里地疯狂，就像所有的梦想一样：一个能够让好孩子容易变坏，更愿意制造坏孩子的上帝；

谁能使他们每个人都快乐，却从未做过一个幸福的人；

谁让他们为痛苦的生活付出了代价，却又吝啬地把它缩短了；

谁给了他的天使永远的幸福，但却要求他的其他孩子获得它；

谁给了他的天使无痛苦的生命，却诅咒他的其他孩子，他们咬着痛苦的心灵和身体的疾病；

谁为了正义发明了地狱；

谁向别人说道德，自己却没有；

他们对犯罪感到沮丧，然后全部给予承诺；

谁创造了没有邀请的人，然后试图改变人类对人的行为的责任，而不是依靠自己把它放在它所属的地方；最后，完全神圣，邀请这个可怜的，受虐待的奴隶来崇拜他？

“你现在感觉到，除了在梦中，这些事情都是不可能的。你认为它们是纯粹的和幼稚的疯狂，是一种想象力的愚蠢创造，它没有意识到它是一个怪胎。总之，它们是一个梦想，你是它的制造者。梦想的痕迹都存在；你应该早点认出它们。

“这是真实的，我向你透露的；没有上帝，没有宇宙，没有人类，没有尘世的生命，没有天堂，没有地狱。

这完全是一个梦想，一个奇怪而愚蠢的梦想。除了你，什么都不存在。而你只是一个思想，一个流浪的思想，一个无用的思想，一个无家可归的思想，在空虚的寂寞中徘徊！”

他消失了，让我感到震惊；因为我知道并且意识到，他所说的一切都是真的。

在马克·吐温这本小故事里所表述的风格和作家在其他作品中完全不同。

天使告诉他们所有人的麻烦和灾难的来源。所有的不幸都来源于忽视了的一些小事上的真正意义。每一件这样的事都决定了联系未来事件的纽带。

他提到的人类自由意志不过是一种幻觉，所有事情都是按照预定结果有规律地发生。这就是为什么人类个人的身心结构被一些可能的定数所限制，而人类命运的转变往往取决于高级生命的意志。

若一个天使参与到某个事件中，当一个人打开或关闭一扇“窗户”，这取决于这个人自己，之后他的命运可能因为这个动作走上了一条完全不同的道路。

最后，在天使离开朋友们之前，他透漏了一个不可思议的秘密——虚无，这让他们感到有些可怕。他说世间所有一切不过是思想，万物本不存在……“我只是一种思想，孤独的思想，它航行在宇宙的虚空里。”

马克·吐温在这本书中要告诉人们什么？他要揭示的生灵和撒旦之间的关系又是什么？他的虚无观又要预示什么？

马克·吐温以特斯拉为原型写的这部作品意义是深邃的，他让天使告诉我们的所有事情都不是可以用常理理解的。

在古老的苏美尔人的笔记中，提到了两个命运。一个是人类将在有限的情况下改变，另一个是神圣的，不可改变的

隐藏了120年的采访

1899年，特斯拉接受了《不朽》杂志记者约翰·史密斯的采访，揭开了人类的一个新视野。但是这次采访因为种种原因并没有发表。1961年，南斯拉夫作家斯特凡·佩西奇先生在《天使特斯拉》剧集中用塞尔维亚语重新编写了这段采访，并在贝尔格莱德广播电台播出。因其内容和风格与特斯拉的特质非常接近，被许多研究特斯拉的机构作为参考素材，现已译成多种不同语言文字。下面的内容就来自佩西奇的《天使特斯拉》节目中的一个章节。

记者：特斯拉先生，您已经获得了参与宇宙进程的荣耀。您是谁，特斯拉先生？

特斯拉：问得很好，史密斯先生，我会尝试告诉你真正的答案。

记者：有人说你来自克罗地亚，一个叫利卡的地方，那里有伴随人们成长的树木、岩石和星空。他们说你家乡的村子是以山中花朵命名，你出生的房子旁边是森林和教堂。

特斯拉：真的，都是真的。我为自己出身在塞尔维亚和克罗地亚家乡而骄傲。

记者：未来学家说，二十世纪和二十一世纪诞生在尼古拉·特斯拉的头脑里。他们为相反的磁场和感应发动机而欢庆赞美。发明这些的人被称为“猎人”，他用布置在地下的网捉到火光，他是捕捉到来自天堂火焰的勇士。交流电之父使物理和化学统治了世界的一半。工业将称他是他们最至高无上的圣人、以及最大的恩人。

尼古拉·特斯拉的实验室打破常态，这里创造出能引起地震的武器，发现黑色的宇宙射线。五个种族将在未来的神殿中膜拜他，因为他教导了他们恩培多克勒元素的秘密，这些元素被来自以太的生命之力灌溉。

特斯拉：是的，这些是我的一些最重要的发现。我是一个失败的人，我并没有完成我所能达成的最高成就。

记者：还有什么？特斯拉先生。

特斯拉：我想照亮整个地球。有足够的电力去制造第二个太阳。光将出现在赤道附近，像一道围绕着土星的光环。人类还没有准备好去接受这么伟大的东西。在科罗拉多斯普林斯，我用电力浸泡住了地球。此外，我们可以浇灌其他能量，如正面向上的精神心理能量。它们就存在于巴赫、莫扎特的音乐之中，或者存在于大诗人的诗句之中。在地球的内部，那里有欢乐、和平与爱的能量存在。它们表现给我们看到的方法就是从地里开出的一朵花，以及从地上长出的食物，所有每一样造就了人类家园的东西。我花了许多年的时间寻找，让这能量可以影响人类的方法。玫瑰花的美丽与香味可以用作药物，而太阳光射线可以成为食物。

生命有无限多的形式存在，而科学家的职责就是去找到它们存在于物质之中的各种形式。在这其中有三件事情很重要的。而我做的事就是去寻找他们。我知道我不会找到他们，但我不会放弃。

记者：这三项事物是什么呢？

特斯拉：第一个是食物。有什么是来自恒星或来自地面的能量可以去喂饱地球上的饥饿？用什么酒可以解除所有的口渴，以使他们能够在他们的心里欢呼，并且明白他们自己就是神？

另一件事是摧毁在人类生活过程中的邪恶和痛苦的力量！它们有时是以发生在太空深处的流行病出现。在本世纪，这种传染病已经从地球往宇宙之中传播出去了。

第三件事是：宇宙中有没有多余的光？我发现一颗星，按照所有的天文和数学规律来说它是可能会消失的，而且似乎没有任何事可以改变。这颗星就在这个星系。它的光可能发生在这样的密度，它只有一个苹果大小，可是却比我们的太阳系更重。

我知道，地心引力是你飞行时需要的一切，而我的目的不是去制造飞行设备（飞机或导弹），而是去教导每个人去重新获得自己的觉知意识在自己的翅膀之上。此外，我试图去唤醒存在于空气中的能量，有一个主要的能量来源的存在。在这个星球上没有空白的空间，在宇宙中也没有。

记者：你常常提到可视化的能力。

特斯拉：我或许要为我所有的发明感谢我的可视化能力。我生命中的事件和我的发明都是真实地在我的眼前呈现出来的，每个事件或发明项目都看得到。在我年轻时我很害怕，因为不知道这是怎么一回事，但后来，我学会了使用这种能力并视之为一种特别的才华和天赋。我培育了这能力，非常小心地守护。我还透过“可视化能力”修正了我大多数的发明，并以这方式来完成他们。通过“可视化能力”，我可以在心智中解出复杂的数学公式。

记者：我想问一个可能在访谈开头就提过的问题。电力对你来说是什么呢？特斯拉先生。

特斯拉：所有的一切都是电力。

记者：想象力对你来说比生命本身更真实吗？

特斯拉：想象力让生命诞生。

记者：你认为时间可以被废除吗？

特斯拉：不完全是，因为能量的第一个特征就是它会转化。在宇宙的每一个角落存在着生命的能量；其中一个就是“永生”，其原产地是在人类之外的地方，等待着他。这个宇宙是灵性的；我们只在一半的路上而已。

我想知道的是：当太阳熄灭之后，一颗流星会怎样？恒星陨落如灰尘或是以种子种在了这个或是其他世界里，阳光散落在我们的脑海中，在许多存有的生命里，有什么会重生成为一个新的光，或者宇宙风会散入无限之中。

记者：所有的这一切不是和宇宙相违反吗？这不是你在你的文章中常常提到的吗？而这宇宙痛苦又是什么呢？

特斯拉：没有，因为我们是在地球上——这是一种疾病，在地球上存在的绝大多数人都没有意识到的一种疾病。因此，许多其他疾病，苦难、邪恶、战争和一切让人类生活得荒诞和恐怖的状态。这种疾病无法被彻底治愈，但是“觉知意识”应该可以使它不那么复杂和危险。每当我接近受到伤害的亲人时，我的身体就能感到疼痛。这是因为我们的身体是由类似物质制成的，而且与我们的灵魂有牢不可破的链接有关。有时无法被理解的悲伤淹没我们，这指的是在某个地方，在这个星球上的另一边，一个孩子或是一个慷慨的男子死亡了。

整个宇宙在某些时期是讨厌他自己本身，和讨厌我们。一颗恒星的消失和彗星的出现，影响着我们超过了我们所能想象的。在地球上的生物之间的关系变得更加强大，是因为我们的感情和思想的花朵将香味变得更加漂亮，否则就会落入沉默之中。

这些真理，我们必须学习，以得到医治。补救措施是在我们的心中，而且即使在动物的心脏也有我们称之为的“宇宙”。

记者：在你“华尔道夫酒店”的房间，第33楼，听说每天早上鸟儿都飞到你的窗口？

特斯拉：一个人必须对鸟类是感性的，这是因为它们的翅膀，人类也曾经拥有过它们（翅膀），真实可见的翅膀！

记者：自从您在斯米连那些遥远的日子以来，您一直没有停止过飞行！

特斯拉：我曾经想从屋顶起飞，但是我掉下来了，儿童的计算可能是错误的。请记住，青春的翅膀拥有生活中的一切！

记者：您结过婚吗？从来没听说您有过爱情或是爱过一个女人。您年轻时的照片看上去是个英俊的男人。

特斯拉：是的，我没有。这里有两种观点：有许多的爱恋或是根本没有。这中间的作用是人类的传宗接代。对某些人而言，女性可以滋润和加强其活力和精神。对其他单身的人士而言也是如此。而我选择的是第二条路。

记者：你的崇拜者们都在抱怨，你攻击“爱因斯坦的相对论”。奇怪的是你说物质没有能量。每一样东西都充满了能量，那它的能量在哪里呢?

特斯拉：因为是先有能量，其次才是物质的出现。

记者：特斯拉先生，这有点像是说，你是被你父亲所生出来的，而不是你自己出生的。

特斯拉：是的！没错！那么宇宙是怎么诞生的?物质就是从我们知道是“光”的原始态而且是以太体的能量所创造出来的。一道光闪过了，而那里就有了恒星、行星、人类，以及存在地球和宇宙中的所有一切。“物质”就是“光”的无限形式的一种表达方式，因为“能量”是比“物质”还要老的东西。

造物法则有四条律法：

第一条是所有数学所无法统计的，所有头脑所无法理解的，让人百思不得其解的黑暗计划的这个源头。对整个宇宙而言，这源头与计划都一样。

第二个定律是一个蔓延的黑暗，这其实就是“光的本色”，从无法解释的莫名，直到它被转化为光。

第三个定律是光的必要性要成为一种光的物质。

第四个规律是：无始无终。

前三个规律总是会发生，而且“造物”会是永恒存在的一件事。

记者：在抱着对“相对论”的理论敌意之中你走了这么久，而且你还在你的生日派对中，举行讲座来反对“相对论”的创作者。

特斯拉：请记住这宇宙不是个弯曲的空间，但是人类的头脑无法理解无限与永恒！我是光的一部分，并且它是音乐。光填满了我的六个感官：看，听，感觉，嗅觉，触觉还有思考。关于感官的思考就是我的第六感。光的粒子都是被写下来的音符。闪电、螺栓可以是整个奏鸣曲。一千个球的闪电就是一个演唱会。

我创造了一个球状闪电，它可以在喜马拉雅山的冰峰上被听到。关于毕达哥拉斯和数学，一个科学家不可以也不应该侵犯这两个。数字和公式都是“迹象”，标记了球型表面的音乐的位置。如果爱因斯坦曾听到过这些声音，他不会创造相对论的理论。这些声音是给予人的心智的消息，它们告诉大家生命是具有意义的！亦即宇宙是存在于完美的和谐之中的，而它的美丽就是一种“造物的因果律”的结果。这个音乐是恒星天堂们的永恒循环。

最小的恒星已经完成了它的组装，而且也是天体交响乐的一部分。人类的心跳也是地球上的交响乐的一部分。牛顿了解到秘诀就是在几何排列和天体运动中。他认出了和谐的最高法律就存在于宇宙之中。弯曲的空间是混乱的，混乱不是音乐。

记者：特斯拉先生，你听过那音乐吗？

特斯拉：我一直都能听到它。我的灵性耳朵是与我们所看到的，在我们上面的天空一样那么的大。我用雷达增大了我的耳朵。根据相对论，两条并行线将会在无限中相遇。到那时，爱因斯坦的弯曲时空就会伸直了。一旦被创建了出来，这声音就会永远存在。因为一个人可以消失，但是会继续存在在沉默之中，这是人类最伟大的力量。我对爱因斯坦先生没有什么反对的意思。他是一个善良的人，并且已经做了很多好事了，其中一些好事将成为这音乐的一部分。我会写信给他，并试图对他解释以太界的存在，以及它的颗粒就是维持这宇宙在和谐之中，以及维持生命在永恒之中的东西。

记者：请告诉我，在什么条件下，天使会化身到地球上？

特斯拉：我有九个这种条件。保持良好的警觉记录。

记者：我会记录所有你说的话，亲爱的特斯拉先生。

特斯拉：第一个条件是他对他要做的使命和工作有高度

的警觉性。这警觉性必须，即使只是隐隐约约的，存在于他的早期人生中。让我们不要错误地谦虚；橡树知道，它是一棵橡树，而他旁边的灌木丛是灌木丛。

当我十二岁时，我一直相信，我会去尼亚加拉大瀑布。对于大多数我的发现，在我的童年时我就知道，我将会实现这些，即使不是完全的显而易见的完成……

第二个会化身到地球来的条件是“决心”。就是所有这一切我可能做到的，我完成了。

记者：什么是化身在地球上的第三个条件状态呢？特斯拉先生？

特斯拉：对所有正在发生中的重要和灵性能量的指导。所以会净化很多人类行为与需求的效果。而我因此，并没有失去什么，反而只是获得而已。

因此我享受每一天的白天与黑夜。请写下：尼古拉·特斯拉曾经是一个快乐的人……

第四个条件要求，他们物质身体与工作的组合。

记者：这是什么意思，特斯拉先生？

特斯拉：首先，身体组件的维护。人的身体是一台完美的机器。我知道我的电路，以及什么对它是好的。血液的流动是可以被控制的，以及在我们之内与之外周围的许多过程都是可以被控制的。

记者：这是一个故事，马克·吐温写了一个神秘陌生人的故事，那美妙的关于撒旦的书，是受到你的启发吗？

特斯拉：用“路西法”这词会显得更加迷人一些。马克·吐温先生喜欢开玩笑。作为一个孩子，我有一次通过阅读他的书而痊愈了。当我们在这里相识并且我告诉他这事时，他太感动了，他哭了。我们成为了朋友，他经常来我的实验室。有一次，他要求给他看一台机器——那是可以通过振动频率而激起幸福感觉的机器。这是这些发明的娱乐机器之一，我有时喜欢做些这类东西。

我警告马克·吐温先生不要一直留在这些振动频率中。他不听，而待了更长的时间。结果是，他像火箭一样，拿着裤子，冲进某一房间中去。这是一个有趣的事，但我一直保持很严肃的样子。

但是，要调整物质身体的线路，除了食物之外，“梦”是非常重要的。我可以从一个长期的，非常辛苦的工作，需要超人的努力工作之后，睡一小时我就可以完全恢复了。我早已获得了管理睡眠的能力，可以依照我所指定的时间睡着和醒来。如果我做了什么我自己不明白的事情，我会强迫自己在我的梦中去想它，从而找到解决的办法。

记着：特斯拉先生，那第五个条件是什么呢？

特斯拉：第五个化身的条件就是记忆。也许对大多数人而言，大脑是保存有关这世界的知识的地方，以及保存有关透过生活所获得的知识的地方。而我的脑子则是从事比记知识更重要事情的地方，就是去选择我在一个特定的时刻所需要的信息这事。这些信息就环绕在我们身旁。它只应该被使用。所有一切，我们曾经看到的、听到的、阅读到的和学习到的信息，都以“光粒子的形式”伴随着我们而存在。对我来说，这些粒子都是顺从的而且忠诚的。

歌德的《浮士德》，是我最喜欢的书，我在德国作为一个学生时学到都会背，而且现在都可以背诵得出来。而且我在我的脑袋中“持有我的发明”很多年，然后我才意识到它们的存在。

记者：在你年轻时，你得过几次重病。那是一种疾病，还是天使化身转世必然的条件状况？

特斯拉：是的，疾病往往是由于生命力的缺乏或是耗竭，但往往也是因为身心在净化已经积累在身心里的毒素。一个人有时候必须吃点苦。大多数疾病的根源在精神上或灵性上。因此，灵性可以治愈大多数的疾病。还是一名学生时，我在霍乱肆虐的利卡地区生病了。而我被治愈是因为我的父亲终于让我学习科技，这是我的生命。幻觉对我来说不是一种疾病，但是心灵的穿透能力可以超越地球的三维度。

我一辈子都有这些心智灵性能力，我一直能接收到它们，就如所有环绕在我们周围的所有其他的现象。有一次，童年的我与叔叔顺着河流走，我说：“从水里将会出现鳟鱼，我会扔一块石头，然后它就会被切断。”然后事情就这么发生了。被吓到又很惊讶的叔叔叫道：“撒旦的吩咐！”他是一个受过教育的人，而且他会说拉丁文……

我在巴黎的时候，我看到我的母亲去世。在天空中飘浮着充满光亮和音乐的奇妙生物。其中一人拥有一个母亲的特征，她无限慈爱地看着我。随着这景象消失，我知道我的母亲去世了。

记者：什么是第七个条件状态才会化身而来，特斯拉先生？

特斯拉：就是有关于心智能量与生命能量是如何转变成我们所想要的东西，而达到控制我们所有感觉的知识。印度教徒称之为“昆达利尼瑜伽”。这方面的知识可以被学习得知，但这样他们需要花许多年时间，或者他们是在出生之时就得到这能力了。我是在出生时就获得了它们中大多数的这些瑜伽能力。

记者：那第八个化身而来会有的条件状态呢，特斯拉先生？

特斯拉：在任何一天、任何时候所做的一切事情，如果可能的话，不要忘记我们是谁，以及我们来到地球上的目的。许多卓越的人士，他们与疾病、穷困抗争，或者与这社会中伤害他们的愚蠢、误解、迫害和其他问题抗争，这些是国家中充满了昆虫的沼泽，这些人被留了下来无人认领，直到工作结束之时。地球上目前有许多堕落天使存在。

记者：什么是第九个条件状态才会化身而来？

特斯拉：这是最重要的一条，写下来，特斯拉先生爱玩，他玩了他整个的人生而且很享受玩。

记者：特斯拉先生！无论是涉及到你的发明和你的工作？这是一个游戏吗？

特斯拉：是的，亲爱的孩子。我曾经爱玩电！我每次听到希腊谁偷了火的事总是会畏缩。一个关于朱比特的可怕的故事，以及老鹰啄他的肝脏的故事。难道宙斯没有足够的闪电和雷声，而只是因为一个热情就被撞坏？这里有一些误会存在……。

闪电是被发现的最美丽的玩具。不要忘记，在你的文字中强调：尼古拉·特斯拉是发现雷电的第一个人。

记者：特斯拉先生，你刚才谈到天使和他们化身入地球。

特斯拉：我有吗？这是一样的，你可以这样写：他敢于承担在自己身上，宙斯和庇隆的特权。想象一下，这些神们穿着黑色晚礼服与礼帽，穿着白色棉手套准备针对纽约市的雷电，火和地震！

记者：他们很想听听你的理念是什么。

特斯拉：生命是一个必须被理解的节奏。我可以感觉到这节奏并且可以引导它，而且被它所拥抱。这是非常值得感谢的，而且给了我知识。每一样活着的东西之间都有一个深刻而美好的关系：人与星星之间，与变形虫，与太阳，与心脏以及与无限数量的世界的循环。这些联结关系是牢不可破的，但它们是可以被驯服和劝解的，可以开始在世界上创造出新的和不同的关系，而且不违反旧的关系。

知识来自于空间；我们的视觉是其最完美的一套。我们有两只眼睛：尘世的和灵性的。建议，让它成为一只眼睛。宇宙的各种表现都是生命力的呈现，如同一只会思考的动物。

石头是一种会思考的有情众生，犹如植物、野兽和人类。一颗闪耀的星星要求被看到，如果我们不是一个以自我为中心的人的话，我们就会明白它的语言和信息。人类的呼吸，他的眼睛和耳朵必须遵守宇宙的呼吸，眼睛和耳朵。

记者：正如你所说的这一点，在我看来，像是我在听说佛教的典籍、单词或是道教的理论一样。

特斯拉：这是正确的！这意味着，人类一直拥有一个普遍性的知识和真理存在。在我的感觉和经验中，宇宙只有一个实体，和一个至高无上的能量，与生命的无限多种表现方式。最好的事情是当你发现了一个秘密的本质，你就会发现出其他的。

一个秘密是无法掩藏的，它们就环绕在我们身边，但我们对它们是瞎子和聋子。如果我们在感情上把自己与他们绑到一起，他们自己就会来找我们。有很多的苹果存在，但只有一个牛顿存在。他要求了只要一个苹果落在他的面前。

记者：有一个问题可能可以定调在这个谈话的开头。对您而言，什么是电，亲爱的特斯拉先生？

特斯拉：每一样东西都是电，首先是光，从无尽的源头中指出了物质，并且把它分发到代表宇宙和地球的生活的各个层面的各种形式之中。黑色是光的真实面目，只是我们没有看到这一点。这是对人类和其他生物的惊人的恩典。它（光）的一个粒子具有光，热，核能，辐射，化学，机械和一个身份不明的能量。

它有能力在地球的轨道运行地球的功率。这是真正的阿基米德杠杆。

记者：特斯拉先生，你太偏向电了。

特斯拉：我即是电。或者你也可以，我是人类形态的电。你也是电，史密斯先生，只是你没有意识到。

记者：所以，你有能力让一百万伏电压通过你的身体而衰减掉？

特斯拉：想象一下被花草攻击的园丁。这真是疯狂。人的身体和大脑都是由大量的能量构成的，在我体内有大部分的电能。人类的“我”和“灵魂”是来自每个人的不同能量。对于其他生物的本质，植物的“灵魂”、动物和矿物的“灵魂”也一样。

大脑的功能在死亡时会从光中显现。我年轻时的眼睛是黑色的，现在是蓝色的，随着时间的推移，紧张的大脑变得更强，他们更接近白色。白色是天堂的颜色。一天早晨，透过我的窗户，我看到一只白鸽，我喂它。她想给我说一句话，她快要死了。光从她的眼睛里射出来。我从来没有在任何生物的眼睛里看到像那只鸽子这么多的光。

记者：你们实验室的人员谈到，如果你生气或实验有风险时，会有闪光、火焰和闪电发生。

特斯拉：这是精神放电或是给你提醒和警告。光总是在我身边。你知道我是怎么发现旋转磁场和感应电机的吗？二十六岁的时候，我就出名了。在布达佩斯，一个夏天的傍晚，我和我朋友西格提一起看日落。成千上万的火焰在千万种燃烧的颜色中转动。我想起了浮士德和他的诗歌，然后，就像在朦胧中，我看到了旋转磁场和感应电机。我看见他们在阳光下！

记者：酒店的服务生告诉我，在闪电时，你躲到自己的房间里在自言自语。

特斯拉：我是在和闪电与雷声交谈。

记者：用什么语言和它们交谈。特斯拉先生？

特斯拉：主要是我的母语。有词和音调，尤其是诗句，很适合它。

记者：如果你能解释一下，我们杂志的读者将非常感激。

特斯拉：声音不仅仅存在于雷电中，而是转化成亮度和颜色。一种能听到的颜色。语言是单词，读取声音和颜色。每一个雷电都不同，有他们的名字。我用我生命中那些亲近的人的名字，或我所敬仰的人的名字来称呼他们中的一些。

在天空中的闪光和雷电居住着我的妈妈、姐姐、哥哥丹尼尔、诗人约万诺维奇·兹马伊和塞尔维亚历史上的其他人；名人伊莎比亚、以西结、莱昂纳多、贝多芬、戈雅、法拉第、普希金。熊熊的火焰在浅滩上留下印记并与电闪雷鸣缠绕一起，整夜不停的雨水与燃烧的树木和村庄共舞。那种闪电和雷鸣是最明亮和最强大的，不会消失。他们回来了，我能在成千上万的雷电中认出他们。

记者：对于你来说，科学和诗歌是一样的吗？

特斯拉：就像一个人的两只眼睛。威廉·布莱克说，宇宙是从想象中诞生的，它维持的是，只要地球上有最后一个人，它就会存在。这是一个轮子，天文学家可以收集所有星系的恒星。创造的能量与光的能量是恒等的。

记者：对你来说，想象比生命本身更真实吗？

特斯拉：它孕育了生命。我教导自己；我学会了控制情绪、梦想和愿景。我一直很珍惜，因为我培养了自己的热情。我在狂喜中度过的一生，那是幸福的源泉。它帮助我这些年来承担足够干上五辈子的工作。最好的工作是在晚上，因为和星光紧密联系。

记者：你说我像每个人一样，是光，这是在奉承我，但我承认我还是不理解。

特斯拉：为什么你需要理解，史密斯先生？只要相信它，一切都是光。合一的光芒是国家的命运，每个国家的光芒都源自我所看到的太阳。请记住：在那里没有人会死，没有死亡。他们转化成光，因此仍然存在。秘密在于光粒子恢复其原来的状态。

记者：这是复活！

特斯拉：我更喜欢叫它：回到以前的能量。基督和其他几个人知道这个秘密。我正在寻找如何保存人类的能量。它是光的形式，有时像天堂垂下的光线。我并不是为了我自己，而是为所有人的利益。我相信我的发现使人们的生活更轻松，更惬意，并引导他们的灵性和道德。

记者：你认为时间可以被废止吗？

特斯拉：宇宙是灵性的，我们只知道一半的方法。宇宙比我们更道德，因为我们不知道他的本性以及如何协调我们的生活。我不是科学家，科学也许是找到问题答案的最方便的方法，这些总困扰我的问题令我日夜焦虑。

记者：这些问题是什么？

特斯拉：你的眼睛怎么亮了！……我想知道的是：当太阳出来的时候，流星会怎样？星辰像尘埃或种子落在这个或其他世界中，像阳光散落在我们的头脑中，在许多生物的生命中将成为一个新的光而重生，或随着宇宙的呼吸分散到无穷的空间。

记者：但是，特斯拉先生，你认识到这是必然的，并且包含在世界宪法中。

特斯拉：当一个人开始振荡时，他的最高目标成为一个急速的流星，并试图捕捉到它，了解你被赋予的生命，因此得以拯救。星辰终究会被抓住！

记者：然后会发生什么？

特斯拉：创造者会笑着说："只有你会追逐她，抓住她。"

记者：并不是所有这些都与宇宙的痛苦相反，在你的文章中经常提到它吗？什么是宇宙的痛苦？

特斯拉：不，因为我们在地球……这是一种疾病，绝大多数人不知道它的存在。所以，许多疾病、痛苦、邪恶、不幸、战争和所有一切使人类的生活变得荒谬和可怕。这种东西不能完全治愈，但我们的意识应使其不那么复杂和危险。每当我最亲爱的人之一受伤，我的身体就感到痛苦。这是因为我们的身体是由类似的材料构成，和我们的灵魂之间有牢不可破的联系。在这个星球的另一端，如果某个孩子或慷慨的人死了，有时会让我们涌起无法理解的悲伤。

整个宇宙在某个时期都在折磨着我们自己和彼此。恒星的消失和彗星的出现对我们的影响远远超出我们的想象。因为地球上的生物之间的关系更加紧密，我们的感情和思想的花朵，因寂静而更加美丽。

这些真理我们必须学会才能治愈。补救措施是在我们的心中找到平衡，在野兽之心中，我们称之为万物。

后　记

当我第一次见到史迪夫博士时，我感到我的心充满了快乐。凭直觉，我立刻知道我遇到了一个朋友，一个志同道合的伙伴，与他的合作将是愉快而富有成果的。

史迪夫是一位讲话和写作都直接、清晰、简明扼要、有意义的作家和科学家。他心胸开阔、观察力强、心灵美善。

在广泛的通信中，我很高兴地发现，我们在当今新的信息技术时代的哲学、科学和社会学方面有着完全的共鸣。

此外，我们一致认为，“全球信息社会”将把发展精神科学作为一种类似的新的思维推向世界。

对我来说，这是一个重生的体验。

众所周知，在 20 世纪初，特斯拉发表了一系列文章和采访。在这些文章和采访中，他精确地预测、定义和描述了未来一百年将要创造的信息技术。

在 1899 年的“科罗拉多斯普林斯研究”里，我们这位研究未来的科学家已经设想并从根本上测试了新科学文明发展的计划。他增加人类能量的计划开始在1900年公开披露，并在1906年完成的全球无线传输系统中明确和详细地说明了这一计划。该系统将永远保持在当今世界信息社会无可争议的科学预言的基础地位。

如果我们试图从本质上建立特斯拉的技术共享知识遗产，它将包括：

1. 从大自然中获得免费能量；

2. 把人类的体力劳动转移到人工智能上；

3. 通过开放的个体轻松地进化到国家小区中；

4. 以渊博的知识和道德优秀的科学家作为社会精英。

特斯拉的知识遗产的积极结果是显而易见的：不需要战争、不需要基于武力的统治、不需要传统商业或利益的政治奴役，以及任何形式的蓄意欺骗和强迫。特斯拉亲自现身并铺路。

1893—1896年，印度大师斯瓦米·维韦卡南达首先理解了特斯拉的电学仪式，并将他的实验室作为一座新的高度伦理化的“科学思维”殿堂。

为了避免将特斯拉的深刻思想简化为单纯的机械论观点，我们关注并分析特斯拉的数学概念，即人类作为一个物理系统的总能量，由莱布尼兹的“V2、VIS、VIVA”即生命力给出。

特斯拉强烈提出了VIVA（生命力），这是莱布尼兹与笛卡尔的对应关系中定义的总能量概念。后者主张运动内容mv（质量乘以速度）或运动量，这个理论后来应用于惯性动量。

让我们仔细看看！

根据特斯拉的说法，力只是施加在物体上以改变其动量的推力或拉力。牛顿第二运动定律将力定义为质量乘以加速度（相对于速度）的乘积。由于加速度是速度的变化除以时间，所以这两个概念是相互联系的：

力 = 质量 ×（速度 / 时间）=（质量 × 速度）/ 时间 = 动量 / 时间

force=mass ×（velocity/time）=（mass × velocity）/ time=momentum/time

将这个方程的两边乘以时间，我们得到：力 × 时间 = 动量

force × time =momentum

它遵循的是力和动量的区别，是时间的规律。如此，我敢概括地说，特斯拉基本思想是讨论人类意识是如何利用时间加速人类进化的。为了完成特斯拉的人类宇宙区位的图解，我们应该强调他的信念，即人类是宇宙力量的自动装置，具有运动能力。这意味着只有身体上的而不是精神上的、有限的自由意志。当然，特斯拉认为势能是最重要的：“在发现无线电活动之前，经过多年的冥想，我得出结论，除了已经或正在从外部接收的能量外，总物质中不可能有任何能量。”这出自《关于宇宙射线的新事实》——1935 年未完成的文章（现存于

贝尔格莱德特斯拉博物馆)。

对于特斯拉来说，整个宇宙是一个存在，就像地球本身一样活着。能量是作用于总物质的活的力量，通常是从外部来的。但是，如果能量是从内部来的，就像在生物系统中一样，那么创造运动是在质量上的，由内在时间原则或个人意识所产生，本质上是人的自由意志或意图，与物理定律相一致。我们可以从这里进一步得出，人的自由意志，仅仅因为它是自由的，就属于形而上学原理的范畴。如果我们考虑到整个数学、几何学和数字都是超感官的变化，这就并不太令人吃惊。直接感知物理定律是不可能的，但通过视觉是可以的(特斯拉的电磁视觉思维实验室)。思想主要是人类大脑产生的电磁图像，个体意识能够选择大脑相应工作的初始频率，这就是自由意志在思维水平上的运作方式。如果特斯拉是成功的，今天的社会发展将会超过现在。在新的特斯拉以太物理哲学和数学理论中，有很多需要重新阐明。在物理和生物系统的时间控制是重要的实验领域，还有更多的工作要做。我和我尊敬与亲爱的合作伙伴——史迪夫博士，将以坚定的信念和学识致力于这项艰苦的研究和探索。

维里米尔·阿拉莫维奇

2019年3月3日于塞尔维亚贝尔格莱德

参考文献

[1]《唯有时间能证明伟大——极客之王特斯拉传》,（美）约翰·奥尼尔著，林雨译，中国出版集团，现代出版社，2015年出版

[2]《科学“超人”尼古拉·特斯拉》，CCTV10《人物》，2009年6月16日、17日播出

[3]《被埋没的天才——尼古拉·特斯拉》,（美）玛格丽特.切尼著，陈璐译，重庆出版集团，四川文艺出版社，2016年出版

[4]《科学界的超人：尼古拉·特斯拉》传记片由克斯托.派佩克执导，1980年前南斯拉夫院线播出

[5]《尼古拉·特斯拉博士文献》,（俄）杰.特.拉特日列夫、利.艾.安德森著，圣卡洛斯拉古桑出版社，1979年出版

[6] 尼古拉·特斯拉的美国专利，在美国专利商标局免费检索

[7]《尼古拉·特斯拉——人类意识的进化》,（塞）维里米

尔·阿布姆维奇编著，特斯拉－帕特森学院出版社，2015 出版

[8]《尼古拉·特斯拉的发明和研究》，（美）托马斯·科莫佛德·马丁，米克若和伊米特出版社，1894 年出版

[9]《尼古拉·特斯拉讲演稿、专利、论文》，（塞）尼古拉·特斯拉博物馆，1956 出版

[10]《我的发明和其他作品》，（美）尼古拉·特斯拉著，美国企鹅经典出版社，2011 年出版

[11]《尼古拉·特斯拉的自传》，（美）尼古拉·特斯拉著，夏宜 、倪玲玲译，北京时代华文书局，2014 年出版

[12]《增加人类能量的问题》，（美）尼古拉·特斯拉著，美国费力罗瑞出版公司，2007 年出版

[13]《特斯拉：电气时代的开创者》，（美）韦·伯纳德·卡尔森着，王国良译，人民邮电出版社，2016 年出版

[14]《尼古拉·特斯拉博士：国家专利档案精选集》，（美）米尔布瑞特斯拉书籍公司，1980 出版

[15]《尼古拉·特斯拉的奶酪》，（美）尼古拉·特斯拉著，美国纽约比恩出版社，2010 年出版

[16]《特斯拉与希特勒和斯大林》，（塞）亚里克斯·里科夫，贝尔格莱德出版社，2017 年出版

[17]《尼古拉·特斯拉的奇异人生》，（加拿大）阿瑟·马修斯著，俄罗斯柯尔莫哥洛夫 . 斯米尔诺夫出版社，1995 出版

[18]《科罗拉多斯普林斯笔记 1899–1900》，（塞）尼古拉·特斯拉博物馆，1978 年出版